中华优秀传统文化在现代管理中的创造性转化与创新性发展工程
“中华优秀传统文化与现代管理融合”丛书

修心与生产

福耀集团的企业治理之道

郑济洲　朱仰恩　葛文丽◎著

企业管理出版社
ENTERPRISE MANAGEMENT PUBLISHING HOUSE

图书在版编目（CIP）数据

修心与生产 ： 福耀集团的企业治理之道 / 郑济洲， 朱仰恩， 葛文丽著. -- 北京 ： 企业管理出版社， 2025. 4. -- （“中华优秀传统文化与现代管理融合”丛书）.
ISBN 978-7-5164-3261-7

Ⅰ. F426.7

中国国家版本馆CIP数据核字第20259Q8J95号

书　　名：修心与生产：福耀集团的企业治理之道
书　　号：ISBN 978-7-5164-3261-7
作　　者：郑济洲　朱仰恩　葛文丽
责任编辑：赵喜勤
特约设计：李晶晶
出版发行：企业管理出版社
经　　销：新华书店
地　　址：北京市海淀区紫竹院南路17号　　邮　　编：100048
网　　址：http://www. emph. cn　　电子信箱：zhaoxq13@163.com
电　　话：编辑部（010）68456991　发行部（010）68417763　68414644
印　　刷：北京联兴盛业印刷股份有限公司
版　　次：2025年7月第1版
印　　次：2025年7月第1次印刷
开　　本：710mm × 1000mm　1/16
印　　张：12.25
字　　数：128千字
定　　价：78.00元

编 委 会

范希春　中国商业文化研究会中华优秀传统文化传承发展分会专家委员会专家
林　嵩　中央财经大学商学院院长、教授
罗　敏　英德华粤艺术学校校长
周卫中　中央财经大学中国企业研究中心主任、商学院教授
周文生　范蠡文化研究（中国）联会秘书长，苏州干部学院特聘教授
郑俊飞　广州穗华口腔医院总裁
郑济洲　福建省委党校科学社会主义与政治学教研部副主任
赵德存　山东鲁泰建材科技集团有限公司党委书记、董事长
胡国栋　东北财经大学工商管理学院教授，中国管理思想研究院院长
胡海波　江西财经大学工商管理学院院长、教授
战　伟　广州叁谷文化传媒有限公司 CEO
钟　尉　江西财经大学工商管理学院讲师、系支部书记
宫玉振　北京大学国家发展研究院发树讲席教授、BiMBA 商学院副院长兼 EMBA 学术主任
姚咏梅　《企业家》杂志社企业文化研究中心主任
莫林虎　中央财经大学文化与传媒学院学术委员会副主任、教授
贾旭东　兰州大学管理学院教授，“中国管理 50 人”成员
贾利军　华东师范大学经济与管理学院教授
晁　罡　华南理工大学工商管理学院教授、CSR 研究中心主任
倪　春　江苏先锋党建研究院院长
徐立国　西安交通大学管理学院副教授
殷　雄　中国广核集团专职董事
凌　琳　广州德生智能信息技术有限公司总经理
郭　毅　华东理工大学商学院教授
郭国庆　中国人民大学商学院教授，中国人民大学中国市场营销研究中心主任

唐少清 北京联合大学管理学院教授，中国商业文化研究会企业创新文化分会会长

唐旭诚 嘉兴市新儒商企业创新与发展研究院理事长、执行院长

黄金枝 哈尔滨工程大学经济管理学院副教授

黄海啸 山东大学经济学院副教授，山东大学教育强国研究中心主任

曹振杰 温州商学院副教授

雪　漠 甘肃省作家协会副主席

阎继红 山西省老字号协会会长，太原六味斋实业有限公司董事长

梁　刚 北京邮电大学数字媒体与设计艺术学院副教授

程少川 西安交通大学管理学院副教授

谢佩洪 上海对外经贸大学学位评定委员会副主席，南泰品牌发展研究院首任执行院长、教授

谢泽辉 广东铁杆中医健康管理有限公司总裁

谢振芳 太原城市职业技术学院教授

蔡长运 福建林业技术学院教师，高级工程师

黎红雷 中山大学教授，全国新儒商团体联席会议秘书长

颜世富 上海交通大学东方管理研究中心主任

总编辑： 陈　静

副总编： 王仕斌

编　辑：（按姓氏笔画排序）

于湘怡　尤　颖　田　天　耳海燕　刘玉双　李雪松　杨慧芳

宋可力　张　丽　张　羿　张宝珠　陈　戈　赵喜勤　侯春霞

徐金凤　黄　爽　蒋舒娟　韩天放　解智龙

序　一

/

以中华优秀传统文化为源　启中国式现代管理新篇

中华优秀传统文化形成于中华民族漫长的历史发展过程中，不断被创造和丰富，不断推陈出新、与时俱进，成为滋养中国式现代化的不竭营养。它包含的丰富哲学思想、价值观念、艺术情趣和科学智慧，是中华民族的宝贵精神矿藏。党的十八大以来，以习近平同志为核心的党中央高度重视中华优秀传统文化的创造性转化和创新性发展。习近平总书记指出“中华优秀传统文化是中华民族的精神命脉，是涵养社会主义核心价值观的重要源泉，也是我们在世界文化激荡中站稳脚跟的坚实根基”。

管理既是人类的一项基本实践活动，也是一个理论研究领域。随着社会的发展，管理在各个领域变得越来越重要。从个体管理到组织管理，从经济管理到政务管理，从作坊管理到企业管理，管理不断被赋予新的意义和充实新的内容。而在历史进程中，一个国家的文化将不可避免地对管理产生巨大的影响，可以说，每一个重要时期的管理方式无不带有深深的文化印记。随着中国步入新时代，在管理领域实施中华优秀传统文化的创造性转化和创新性发展，已经成为一项应用面广、需求量大、题材丰富、潜力巨大的工作，在一些重要领域可能产生重大的理论突破和丰硕的实践成果。

第一，中华优秀传统文化中蕴含着丰富的管理思想。中华优秀传统文化源远流长、博大精深，在管理方面有着极为丰富的内涵等待提炼和转化。比如，儒家倡导“仁政”思想，强调执政者要以仁爱之心实施管理，尤其要注重道德感化与人文关怀。借助这种理念改善企业管理，将会推进构建和谐的组织人际关系，提升员工的忠诚度，增强其归属感。又如，道家的“无为而治”理念延伸到今天的企业管理之中，就是倡导顺应客观规律，避免过度干预，使组织在一种相对宽松自由的环境中实现自我调节与发展，管理者与员工可各安其位、各司其职，充分发挥个体的创造力。再如，法家的“法治”观念启示企业管理要建立健全规章制度，以严谨的体制机制确保组织运行的有序性与规范性，做到赏罚分明，激励员工积极进取。可以明确，中华优秀传统文化为现代管理提供了多元的探索视角与深厚的理论基石。

第二，现代管理越来越重视文化的功能和作用。现代管理是在人类社会工业化进程中产生并发展的科学工具，对人类经济社会发展起到了至关重要的推进作用。自近代西方工业革命前后，现代管理理念与方法不断创造革新，在推动企业从传统的小作坊模式向大规模、高效率的现代化企业，进而向数字化企业转型的过程中，文化的作用被空前强调，由此衍生的企业使命、愿景、价值观成为企业发展最为强劲的内生动力。以文化引导的科学管理，要求不仅要有合理的组织架构设计、生产流程优化等手段，而且要有周密的人力资源规划、奖惩激励机制等方法，这都极大地增强了员工在企业中的归属感并促进员工发挥能动作用，在创造更多的经济价值的同时体现重要的社会价值。以人为本的现代管理之所以在推动产业升级、促进经济增长、提升国际竞争力等方面须臾不可缺少，是因为其体现出企业的使命不仅是获取利润，更要注重社会责任与可持续发展，在环境保护、社会公平等方面发挥积极影响力，推动人类社会向着更加文明、和谐、包容、可持续的方向迈进。今天，管理又面临数字技术的挑战，更加需要更多元的思想基础和文化资源的支持。

第三，中华优秀传统文化与现代管理结合研究具有极强的必要性。随着全球经济一体化进程的加速，文化多元化背景下的管理面临着前所未有的挑战与机遇。一方面，现代管理理论多源于西方，在应用于本土企业与组织时，往往会出现“水土不服”的现象，难以充分契合中国员工与生俱来的文化背景与社会心理。中华优秀传统文化所蕴含的价值观、思维方式与行为准则能够为现代管理面对中国员工时提供本土化的解决方案，使其更具适应性与生命力。另一方面，中华优秀传统文化因其指导性、亲和性、教化性而能够在现代企业中找到新的传承与发展路径，其与现代管理的结合能够为经济与社会注入新的活力，从而实现优秀传统文化在企业管理实践中的创造性转化和创新性发展。这种结合不仅有助于提升中国企业与组织的管理水平，增强文化自信，还能够为世界管理理论贡献独特的中国智慧与中国方案，促进不同文化的交流互鉴与共同发展。

近年来，中国企业在钢铁、建材、石化、高铁、电子、航空航天、新能源汽车等领域通过锻长板、补短板、强弱项，大步迈向全球产业链和价值链的中高端，成果显著。中国企业取得的每一个成就、每一项进步，离不开中国特色现代管理思想、理论、知识、方法的应用与创新。中国特色的现代管理既有“洋为中用”的丰富内容，也与中华优秀传统文化的“古为今用”密不可分。

“中华优秀传统文化与现代管理融合”丛书（以下简称“丛书”）正是在这一时代背景下应运而生的，旨在为中华优秀传统文化与现代管理的深度融合探寻路径、总结经验、提供借鉴，为推动中国特色现代管理事业贡献智慧与力量。

“丛书”汇聚了中国传统文化学者和实践专家双方的力量，尝试从现代管理领域常见、常用的知识、概念角度细分开来，在每个现代管理细分领域，回望追溯中华优秀传统文化中的对应领域，重在通过有强大生命力的思想和智慧精华，以“古今融会贯通”的方式，进行深入研究、探索，以期推出对我国现代管理有更强滋养力和更高使用价值的系列成果。

文化学者的治学之道，往往是深入研究经典文献，挖掘其中蕴含的智慧，并对其进行系统性的整理与理论升华。据此形成的中华优秀传统文化为现代管理提供了深厚的文化底蕴与理论支撑。研究者从浩瀚典籍中梳理出优秀传统文化在不同历史时期的管理实践案例，分析其成功经验与失败教训，为现代管理提供了宝贵的历史借鉴。

实践专家则将传统文化理念应用于实际管理工作中，通过在企业或组织内部开展文化建设、管理模式创新等实践活动，检验传统文化在现代管理中的可行性与有效性，并根据实践反馈不断调整与完善应用方法。他们从企业或组织运营的微观层面出发，为传统文化与现代管理的结合提供了丰富的实践经验与现实案例，使传统文化在现代管理中的应用更具操作性与针对性。

“丛书”涵盖了从传统文化与现代管理理论研究到不同行业、不同领域应用实践案例分析等多方面内容，形成了一套较为完整的知识体系。“丛书”不仅是研究成果的结晶，更可看作传播中华优秀传统文化与现代管理理念的重要尝试。还可以将“丛书”看作一座丰富的知识宝库，它全方位、多层次地为广大读者提供了中华优秀传统文化在现代管理中应用与发展的工具包。

可以毫不夸张地说，每一本图书都凝聚着作者的智慧与心血，或是对某一传统管理思想在现代管理语境下的创新性解读，或是对某一行业或领域运用优秀传统文化提升管理效能的深度探索，或是对传统文化与现代管理融合实践中成功案例与经验教训的详细总结。“丛书”通过文字的力量，将传统文化的魅力与现代管理的智慧传递给广大读者。

在未来的发展征程中，我们将持续深入推进中华优秀传统文化在现代管理中的创造性转化和创新性发展工作。我们坚信，在全社会的共同努力下，中华优秀传统文化必将在现代管理的广阔舞台上绽放出更加绚丽多彩的光芒。在中华优秀传统文化与现代管理融合发展的道路上砥砺前行，为实现中华民族伟大复兴的中国梦做出更大的贡献！

是为序。

朱宏任

中国企业联合会、中国企业家协会

党委书记、常务副会长兼秘书长

序　二

/

文化传承　任重道远

财政部国资预算项目“中华优秀传统文化在现代管理中的创造性转化与创新性发展工程”系列成果——“中华优秀传统文化与现代管理融合”丛书和读者见面了。

一

这是一组可贵的成果，也是一组不够完美的成果。

说她可贵，因为这是大力弘扬中华优秀传统文化（以下简称优秀文化）、提升文化自信、“振民育德”的工作成果。

说她可贵，因为这套丛书汇集了国内该领域一批优秀专家学者的优秀研究成果和一批真心践行优秀文化的企业和社会机构的卓有成效的经验。

说她可贵，因为这套成果是近年来传统文化与现代管理有效融合的规模最大的成果之一。

说她可贵，还因为这个项目得到了财政部、国务院国资委、中国企业联合会等部门的宝贵指导和支持，得到了许多专家学者、企业家等朋友的无私帮助。

说她不够完美，因为学习践行传承发展优秀文化永无止境、永远在进步完善的路上，正如王阳明所讲“善无尽”“未有止”。

说她不够完美，因为优秀文化在现代管理的创造性转化与创新性发展中，还需要更多的研究专家、社会力量投入其中。

说她不够完美，还因为在践行优秀文化过程中，很多单位尚处于摸索阶段，且需要更多真心践行优秀文化的个人和组织。

当然，项目结项时间紧、任务重，也是一个逆向推动的因素。

二

2022年，在征求多位管理专家和管理者意见的基础上，我们根据有关文件精神和要求，成立专门领导小组，认真准备，申报国资预算项目“中华优秀传统文化在现代管理中的创造性转化与创新性发展工程”。经过严格的评审筛选，我们荣幸地获准承担该项目的总运作任务。之后，我们就紧锣密鼓地开始了调研工作，走访研究机构和专家，考察践行优秀文化的企业和社会机构，寻找适合承担子项目的专家学者和实践单位。

最初我们的计划是，该项目分成“管理自己”“管理他人”“管理事务”“实践案例”几部分，共由60多个子项目组成；且主要由专家学者的研究成果专著组成，再加上几个实践案例。但是，在调研的初期，我们发现一些新情况，于是基于客观现实，适时做出了调整。

第一，我们知道做好该项目的工作难度，因为我们预想，在优秀文化和现代管理两个领域都有较深造诣并能融会贯通的专家学者不够多。在调研过程中，我们很快发现，实际上这样的专家学者比我们预想的更少。与此同时，我们在广东等地考察调研过程中，发现有一批真心践行优秀文化的企业和社会机构。经过慎重研究，我们决定适当提高践行案例比重，研究专著占比适当降低，但绝对数不一定减少，必要时可加大自有资金投入，支持更多优秀项目。

第二，对于子项目的具体设置，我们不执着于最初的设想，固定甚至限制在一些话题里，而是根据实际“供给方”和“需求方”情况，实事求是地做必要的调整，旨在吸引更多优秀专家、践行者参与项目，支持更多优秀文化与现代管理融合的优秀成果研发和实践案例创作的出版宣传，以利于文化传承发展。

第三，开始阶段，我们主要以推荐的方式选择承担子项目的专家、企业和社会机构。运作一段时间后，考虑到这个项目的重要性和影响力，我们觉得应该面向全社会吸纳优秀专家和机构参与这个项目。在请示有关方面同意后，我们于2023年9月开始公开征集研究人员、研究成果和实践案例，并得到了广泛响应，许多人主动申请参与承担子项目。

三

这个项目从开始就注重社会效益，我们按照有关文件精神，对子项目研发创作提出了不同于一般研究课题的建议，形成了这个项目自身的特点。

（一）重视情怀与担当

我们很重视参与项目的专家和机构在弘扬优秀文化方面的情怀和担当，比如，要求子项目承担人“发心要正，导人向善”“充分体现优秀文化‘优秀’二字内涵，对传统文化去粗取精、去伪存真”等。这一点与通常的课题项目有明显不同。

（二）子项目内容覆盖面广

一是众多专家学者从不同角度将优秀文化与现代管理有机融合。二是在确保质量的前提下，充分考虑到子项目的代表性和示范效果，聚合了企业、学校、社区、医院、培训机构及有地方政府背景的机构；其他还有民间传统智慧等内容。

（三）研究范式和叙述方式的创新

我们提倡“选择现代管理的一个领域，把与此密切相关的优秀文化高度融合、打成一片，再以现代人喜闻乐见的形式，与选择的现代管理领域实现融会贯通”，在传统文化方面不局限于某人、某家某派、某经典，以避免顾此失彼、支离散乱。尽管在研究范式创新方面的实际效果还不够理想，有的专家甚至不习惯突破既有的研究范式和纯学术叙述方式，但还是有很多子项目在一定程度上实现了研究范式和叙述方式的创新。另外，在创作形式上，我们尽量发挥创作者的才华智慧，不做形式上的硬性要求，不因形式伤害内容。

（四）强调本体意识

“本体观”是中华优秀传统文化的重要标志，相当于王阳明强调的“宗旨”和“头脑”。两千多年来，特别是近现代以来，很多学者在认知优秀文化方面往往失其本体，多在细枝末节上下功夫；于是，著述虽多，有的却如王阳明讲的“不明其本，而徒事其末”。这次很多子项目内容在优秀文化端本清源和体用一源方面有了宝贵的探索。

（五）实践丰富，案例创新

案例部分加强了践行优秀文化带来的生动事例和感人故事，给人以触动和启示。比如，有的地方践行优秀文化后，离婚率、刑事案件大幅度下降；有家房地产开发商，在企业最困难的时候，仍将大部分现金支付给建筑商，说“他们更难”；有的企业上新项目时，首先问的是“这个项目有没有公害？”“符不符合国家发展大势？”“能不能切实帮到一批人？”；有家民营职业学校，以前不少学生素质不高，后来他们以优秀文化教化学生，收到良好效果，学生素质明显提高，有的家长流着眼泪跟校长道谢：“感谢学校救了我们全家！”；等等。

四

调研考察过程也是我们学习总结反省的过程。通过调研，我们学到了许多书本中学不到的东西，收获了满满的启发和感动。同时，我们发现，在学习阐释践行优秀文化上，有些基本问题还需要进一步厘清和重视。试举几点：

（一）“小学”与“大学”

这里的“小学”指的是传统意义上的文字学、音韵学、训诂学等，而“大学”是指“大学之道在明明德”的大学。现在，不少学者特别是文史哲背景的学者，在“小学”范畴苦苦用功，做出了很多学术成果，还需要在“大学”修身悟本上下功夫。陆九渊说：“读书固不可不晓文义，然只以晓文义为是，只是儿童之学，须看意旨所在。”又说“血脉不明，沉溺章句何益？”

（二）王道与霸道

霸道更契合现代竞争理念，所以更为今人所看重。商学领域的很多人都偏爱霸道，认为王道是慢功夫、不现实，霸道更功利、见效快。孟子说：“仲尼之徒无道桓、文之事者。”（桓、文指的是齐桓公和晋文公，春秋著名两霸）王阳明更说这是“孔门家法”。对于王道和霸道，王阳明在其“拔本塞源论”中有专门论述：“三代之衰，王道熄而霸术焻……霸者之徒，窃取先王之近似者，假之于外，以内济其私己之欲，天下靡然而宗之，圣人之道遂以芜塞。相仿相效，日求所以富强之说，倾诈之谋，攻伐之计……既其久也，斗争劫夺，不胜其祸……而霸术亦有所不能行矣。”

其实，霸道思想在工业化以来的西方思想家和学者论著中体现得很多。虽然工业化确实给人类带来了福祉，但是也带来了许多不良后果。联合国《未来契约》（2024年）中指出“我们面临日益严峻、关乎存亡的灾难性风险”。

（三）小人儒与君子儒

在“小人儒与君子儒”方面，其实还是一个是否明白优秀文化的本体问题。陆九渊说：“古之所谓小人儒者，亦不过依据末节细行以自律”，而君子儒简单来说是“修身上达”。现在很多真心践行优秀文化的个人和单位做得很好，但也有些人和机构，日常所做不少都还停留在小人儒层面。这些当然非常重要，因为我们在这方面严重缺课，需要好好补课，但是不能局限于或满足于小人儒，要时刻也不能忘了行“君子儒”。不可把小人儒当作优秀文化的究竟内涵，这样会误己误人。

（四）以财发身与以身发财

《大学》讲：“仁者以财发身，不仁者以身发财。”以财发身的目的是修身做人，以身发财的目的是逐利。我们看到有的身家亿万的人活得很辛苦、焦虑不安，这在一定意义上讲就是以身发财。我们在调查过程中也发现有的企业家通过学习践行优秀文化，从办企业“焦虑多”“压力大”到办企业“有欢喜心”。王阳明说：“常快活便是功夫。”“有欢喜心”的企业往往员工满足感、幸福感更强，事业也更顺利，因为他们不再贪婪自私甚至损人利己，而是充满善念和爱心，更符合天理，所谓“得道者多助”。

（五）喻义与喻利

子曰：“君子喻于义，小人喻于利。”义利关系在传统文化中是一个很重要的话题，也是优秀文化与现代管理融合绕不开的话题。前面讲到的那家开发商，在企业困难的时候，仍坚持把大部分现金支付给建筑商，他们收获的是“做好事，好事来”。相反，在文化传承中，有的机构打着“文化搭台经济唱戏”的幌子，利用人们学习优秀文化的热情，搞媚俗的文化活动赚钱，歪曲了优秀文化的内涵和价值，影响很坏。我们发现，在义利观方面，一是很多情况下把义和利当作对立的两个方面；二是对义利观的认知似乎每况愈下，特别是在西方近代资本主义精神和人性恶假设背景下，对人性恶的利用和鼓励（所谓“私恶即公利”），出现了太多的重利轻义、危害社会的行为，以致产生了联合国《未来契约》中“可持续发展目标的实现岌岌可危”的情况。人类只有树立正确的义利观，才能共同构建人类命运共同体。

（六）笃行与空谈

党的十八大以来，党中央坚持把文化建设摆在治国理政突出位置，全国上下掀起了弘扬中华优秀传统文化的热潮，文化建设在正本清源、守正创新中取得了历史性成就。在大好形势下，有一些个人和机构在真心学习践行优秀文化方面存在不足，他们往往只停留在口头说教、走过场、做表面文章，缺乏真心真实笃行。他们这么做，是对群众学习传承优秀文化的误导，影响不好。

五

文化关乎国本、国运，是一个国家、一个民族发展中最基本、最深沉、最持久的力量。

中华文明源远流长，中华文化博大精深。弘扬中华优秀传统文化任重道远。

“中华优秀传统文化与现代管理融合”丛书的出版，不仅凝聚了子项目承担者的优秀研究成果和实践经验，同事们也付出了很大努力。我们在项目组织运作和编辑出版工作中，仍会存在这样那样的缺点和不足。成绩是我们进一步做好工作的动力，不足是我们今后努力的潜力。真诚期待广大专家学者、企业家、管理者、读者，对我们的工作提出批评指正，帮助我们改进、成长。

企业管理出版社国资预算项目领导小组

前　言

/

心灵秩序与经济发展

自人类文明诞生以来，探讨心灵秩序与经济发展的关系，始终为中西方哲人、政治家所重视。古希腊时期的哲学巨擘苏格拉底认为，人应该认识自己、分析自己，接受自己的无知，通过对话和思想的碰撞，来审视内心、接近真理；从“心”开始，通过“心”的映射，去寻找世界运行的规律。苏格拉底的心灵本源说开创了西方哲人以心灵秩序推进经济发展的一条重要思想脉络。文艺复兴与宗教改革之后，理解内向修养之心与外向经济生产的关系，成为认知西方经济社会发展的一个显题。马克斯·韦伯在《新教伦理与资本主义精神》一书中基于严谨的社会调查，阐释了新教的“天职”“禁欲主义”对于企业家经营理念的塑型，将新教伦理内化为企业家领导企业生产的伦理修养，展现出资本主义精神的生产效能。

韦伯对新教伦理与资本主义精神之间关系的理性论析，深刻影响了中西方学界。于中国而言，儒家伦理与社会主义精神的契合关系可以尝试用儒家哲学思想中“内圣外王”这一命题予以勾勒。亟须注意的是，儒家“内圣外王”所倡导的“内圣”并不是新教伦理中的自我，而是“修己以敬”“修己以安人”“修己以安百姓”的“大我”。儒家伦理与社会主义精神的命题始终包含着“天下为公”的宏愿，这一政治文化秩序的内容正是中国共产党领导中国革命、建设、改革所秉持的重要理念。

儒家思想体系中，心灵秩序与经济发展之间存在着本质的联系，心性的内修始终未曾脱离“家国天下”的范畴。正是基于此，儒家所倡导的修心体现了实践性与使命性的辩证统一。儒、释、道三家思想互动融合，共同强调了心性的内在充实与外在奉献的紧密联系。在新的历史征程中，“不忘初心、牢记使命”的核心议题，通过强调“初心”与“使命”的相互作用，彰显了中国共产党的政治道德、政治情怀与政治愿景。在这一时代背景下，修心的发展与生产力的进步共同形成了深远的价值内涵。

马克思主义生产力理论明确指出，劳动者作为生产力的关键要素，其实践活动与思维在生产力的发展过程中扮演着至关重要的角色。本书聚焦于福耀玻璃工业集团股份有限公司（以下简称福耀集团）的修心与生产实践，深入探讨了福耀集团创始人兼董事长曹德旺培养“菩提心”的过程对集团生产经营活动的正向影响，以及福耀集团的发展对国内外社会发展的深远影响。曹德旺先生在其著作《心若菩提》中，通过辨析“用心”“真心”“爱心”“决心”“恒心”“耐心”“怜悯心”等概念，阐释了修心的多维面向。其修心理念不仅影响企业的生产活动，还涉及对生命、社会、国家的思考。

今日之中国，现代化的发展面临着现代性的挑战，中华儿女亟须构建自我的心灵秩序，并理解中国经济发展的逻辑。在当代推进中国经济社会高质量发展的过程中，以下三个方面的难题理应得到各方面的关注。

第一，“躺平式”理念的出现，导致心灵秩序与外在实践的双重迷茫。“躺平”意味着“不作为”，而“不作为”只会换来人生的空虚化、社会的虚无化。出现“躺平”现象的一个不容忽视的原因是大众内心迷茫，当一个人无法认知实践的意义时，其自我解放亦会随着心灵秩序的紊乱、迷离而逐渐“萎缩”。要减少“躺平”现象，不能仅依靠法治、宣教的外部力量，还需要依仗大众内心的自我觉醒与逐渐强大。而唤醒人内心的力量，需要个体自身在认知经济社会发展鲜活案例的过程中，实现心灵秩序与外在实践的“双向奔赴”。

第二，陌生人意志的潜伏，造成个体成长与集体发展的关系模糊。中华优秀传统文化中蕴含的集体主义思想与西方文化中蕴含的个体主义思想具有鲜明的差异。费孝通先生曾将文化共生之道概括为“各美其美，美人之美，美美与共，天下大同”，然而，现代化发展过程中出现的利益藩篱、精致利己主义，在很大程度上破坏着集体的共建、共治、共享。在集体“被原子化”的情况下，政党与国家的导向是用正能量、大格局来塑造社会的共同理想、愿景。在国家梦想的顶层设计下，有一条路径需要引起注意，即通过返回个体的主体性，在肯定个体的觉醒中，逐渐推广个体“利他”的正向价值。这一路径的发展，特别强调个体心灵秩序以“自我”作为基础，以“大我”作为“觉解”。

第三，“内卷化”社会的到来，促使心之奔忙与人之博弈的交织碰撞。“内卷”既是放弃奔忙者的理由，又是不懈奋斗者的无奈。于不懈奋斗者而言，为了适应“内卷化”的社会，必须通过个体能量的累积，实现自身与经济社会发展速度的同频共振。而在这个努力奔忙的过程中，个体往往出现内心压力剧增、行动紧张无序的情况。同时，“内卷化”社会亦催生了奔忙者之间的比、选、赶、超，在竞争面前，人与人之间的关爱不免减少，零和博弈频生。我们的人际关系本不应在社会“内卷”中变为“物竞天择，适者生存”的状态。这一社会现象背后的原因多种多样，其中一个重要的原因就是人的心灵秩序紊乱。当世人将内心安放于竞争，外部世界就会成为博弈的“炼狱”；只有世人将内心存于合作，文明互鉴才有可能实现。

作为全球规模最大的汽车玻璃专业供应商，福耀集团在企业经营与发展中的文化建构和员工心灵建设案例，对于化解当今人们心灵秩序紊乱危机具有积极的启示意义。福耀集团的成功治理模式深植于修心文化理念之中。所谓修心，是指企业在追求经济效益的同时，注重内在的道德修养和社会责任意识的培养与提升。这一理念贯穿于福耀集团的企业经营战略、社会责任履行及员工思想建设等方面。

治企之要，贵在得人。福耀集团通过坚守和弘扬“菩提心”精神，赋予每位员工内在的责任感和使命感。本书探索福耀集团的修心与企业治理之道，不仅想为企业文化建设提供有益的启示，而且希望能够为大众的心灵调适、社会的伦理调和、国家的文化发展提供智识。为了便于阅读，我们以思维导图的形式简要呈现全书核心内容（如图1所示）。

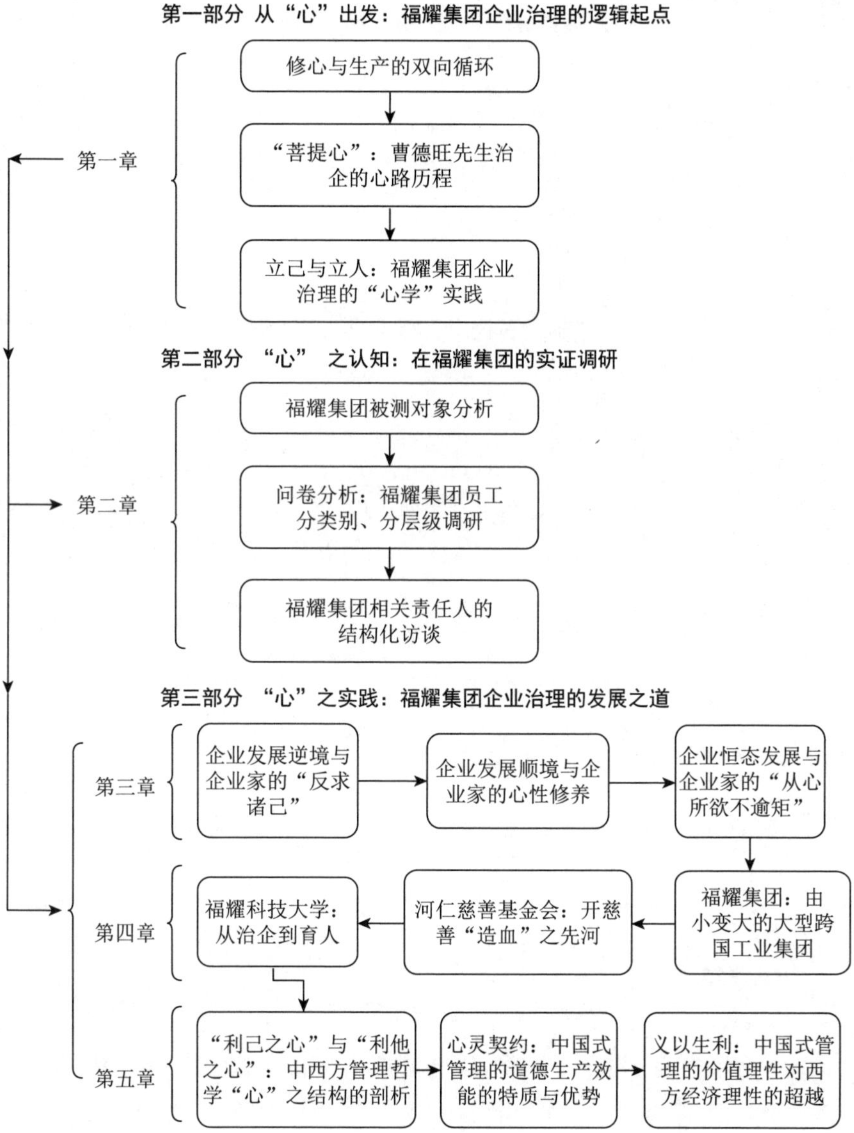
第一部分 从“心”出发：福耀集团企业治理的逻辑起点
第一章
修心与生产的双向循环
“菩提心”：曹德旺先生治企的心路历程
立己与立人：福耀集团企业治理的“心学”实践
第二部分 “心” 之认知：在福耀集团的实证调研
第二章
福耀集团被测对象分析
问卷分析：福耀集团员工分类别、分层级调研
福耀集团相关责任人的结构化访谈
第三部分 “心”之实践：福耀集团企业治理的发展之道
第三章
企业发展逆境与企业家的“反求诸己”
企业发展顺境与企业家的心性修养
企业恒态发展与企业家的“从心所欲不逾矩”
第四章
福耀集团：由小变大的大型跨国工业集团
河仁慈善基金会：开慈善“造血”之先河
福耀科技大学：从治企到育人
第五章
“利己之心”与“利他之心”：中西方管理哲学“心”之结构的剖析
心灵契约：中国式管理的道德生产效能的特质与优势
义以生利：中国式管理的价值理性对西方经济理性的超越

图 1　本书思维导图

目　录

/

第一章

从“心”出发：福耀集团企业治理的逻辑起点

在现代化和全球化交织的复杂背景下，企业治理成为中国管理哲学的重要研究课题，这对于企业文化建设与制度优化具有现实意义。从中国古代的治理实践来看，中国管理哲学的主要问题是国家、社会组织的治理效能提升。在中国的一些企业中，管理层往往会汲取古代管理哲学的智慧，例如华为创始人任正非强调企业文化建设，倡导“以人为本”的领导方式。这种“德治”理念与儒家管理思想有相似之处。在信息化时代，企业在管理过程中越来越依赖于制度与规则的建设，例如阿里巴巴高度重视组织架构的科学化与流程的标准化。企业的这种对“法”的依赖在一定程度上与法家的治理理念相通，强调制度化、规则化管理的必要性。司马谈在《论六家要旨》中所述及的“夫阴阳、儒、墨、名、法、道德，此务为治者也”[1]，已经揭示了中国古代哲学思想对于国家、社会管理（治理）的现实关切。六家学派的思想为现代企业治理提供了哲学框架，尤其是在组织结构优化与伦理道德建设方面具有指导意义。近代以来，中国哲学的学科化建构促使中国学者对中国哲学史进行了精细化考察，诸如“理”“气”“心”等历久弥新的中国哲学概念在学术界得到了深入研究和阐释。“理”“气”“心”不仅是中国哲学思想的核心，也是古今治理智慧的基础。对现代企业管理而言，“心”的概念强调员工心理健康与组织道德的共同发展，具有提升企业

[1] 司马迁．史记［M］．北京：中华书局，1959：3288−3289.

文化建设水平与增强团队凝聚力的深远意义。在中国管理哲学中，“心学”强调从“心”出发，努力实现心灵秩序与生产经营之间的统一，这一直是中国式管理的关键。福耀集团强调员工的心灵秩序和精神层面的和谐，不仅通过提升企业文化建设水平来增强员工的心理认同感，还通过深化心灵秩序的理念来实现企业的高效管理与生产力提升，推动管理理念与生产实践深度融合。曾仕强先生是中国式管理理念的倡导者，他提出了“心物合一论”[1]。该理论强调“心”与“物”的和谐统一，追求以“心”为始的管理实践。这一理论的核心观点是，通过平衡员工情感与生产力需求，实现管理效能的最大化，充分展现情感与理性的融合。作为21世纪企业儒学概念的提出者，黎红雷先生亦重视利用“内圣外王”[2]的哲学智慧启发当代企业家进行修心与生产。具体而言，黎红雷的理论强调通过提高道德修养来提升企业管理效能，他认为企业家应具备高尚的道德品质和人格魅力，以身作则，引导员工树立正确的价值观和行为规范。这种道德修养不仅有助于提高员工的忠诚度和凝聚力，还能提升企业的社会声誉和竞争力。本书所研究的企业案例是曹德旺先生创建的福耀集团，聚焦的问题是福耀集团如何在曹德旺先生“菩提心”理念的指引下，践行修心与生产的“双向奔赴”。在修心与生产的互动中，福耀集团将道德教育融入生产实践，培养员工的职业道德和责任感，激发员工对工作的热情。同时，努力升级和创新生产技术，以

[1] 曾仕强 . 曾仕强说中国人［M］. 北京：中国工人出版社，2007:3.

[2] 黎红雷 . 儒家管理哲学研究情况简介［J］. 哲学动态，1991（8）: 39-42.

提高生产效率和产品质量，为企业的可持续发展打下坚实的基础。这种修心与生产的“双向奔赴”，不仅提升了企业的经济效益和社会声誉，也为企业未来的发展提供了有力保障。在当前世界百年未有之大变局加速演进的背景下，实现民族复兴是中国生产力发展的使命。修心作为文化资本的一部分，通过提升员工素质促进生产效能提高，生产力的增强反过来支撑文化建设。面对“功利化”“内卷化”“陌生化”社会等伦理难题，福耀集团采取了一系列具体措施成功应对。为化解“功利化”和“内卷化”难题，福耀集团积极参与各种公益活动，包括捐资助学、扶贫济困、支持环保公益等。这些公益活动不仅提升了企业的社会责任感，也增强了员工的公益意识，减少了“功利化”倾向。同时，福耀集团通过员工关怀计划化解“内卷化”问题，为员工提供多种福利，包括健康体检、医疗保险、带薪休假等。此外，福耀集团还鼓励员工参与各种培训和发展项目，提高员工的职业技能和竞争力，从而减少“内卷化”现象。在“陌生化”社会方面，福耀集团注重企业文化建设，强调团队合作和沟通。定期的员工座谈会、团队建设活动加强了员工之间的沟通和信任，减少了“陌生化”的可能性。福耀集团从“心”出发，其所展现的能量不仅关乎企业发展，更延伸至社会建设与国家治理。

——

第一节　修心与生产的双向循环：中国式管理的“心学”智慧

曹德旺先生在《心若菩提》一书中，通过阐述心性修养与人生哲理，展示了其“菩提智慧”的修炼历程。“菩提智慧”的重要作用在福耀集团的管理实践中得到了充分印证，其重要理念潜移默化地融入了企业的发展路径，成为推动企业走向成功的重要内在因素。福耀集团的成功发展表现在以下几个方面。①企业市值的增长。公开数据显示，福耀集团的市值在近几年中一直保持稳定增长趋势，这表明市场对福耀集团的发展前景和盈利能力高度认可。②社会评价的提高。福耀集团一直致力于企业的社会责任和公益事业，积极参与各种慈善捐赠活动，社会各界对企业的评价不断提高。③员工满意度的提升。调查数据显示，福耀集团的员工满意度一直处于较高水平，这为企业的可持续发展提供了有力保障。这些成功的表现离不开曹德旺先生的心性修养理念，以及福耀集团全体员工的共同努力和付出。

“菩提心”是佛教中的一个重要理念，曹德旺先生的“菩提心”理念则承载着丰富的中华优秀传统文化资源。“菩提心”理念在决策中具有伦理约束力。曹德旺先生认为，企业家在决策过程中应该遵循道德原则，不能只考虑经济利益而忽视伦理道德。在福耀集团，这种理念被贯彻到企业的决策过程中，集团在决策时注重考虑伦理道德因素，以免做出有损社会利益和员工权益的决策。在曹德旺先生的商道理念中，既有“菩提智慧”所指涉的“用心、真心、爱心、决心、专心、恒心、耐心、怜悯心”[1]等多层次的心灵修炼，亦饱含“敬胜怠，义胜欲，知其雄，守其雌”[2]的儒家、道家哲理。儒、释、道三家的思想和理念在福耀集团的管理实践中得到了广泛应用。儒家注重“仁爱”和“礼仪”，福耀集团注重对员工的关怀，增强了员工的归属感和忠诚度。儒家还强调“知行合一”，在企业管理中，福耀集团注重实践与理论的结合，通过不断探索和实践，不断完善和提升管理水平。佛家强调“慈悲为怀”，福耀集团积极参与各种公益活动，如捐资助学、扶贫济困等，这种公益行为不仅提升了企业的社会责任感，也增强了员工的公益意识。道家强调“自然之道”，在企业管理中，福耀集团注重遵循市场规律和满足客户需求，通过不断创新和改进，提高企业的竞争力和市场占有率。道家思想不仅有助于企业的发展，也对社会建设和国家治理产生了积极的影响。曹德旺先生所倡导的心灵秩序，融合了中华优秀传统文化的“心学”智慧与理性思考，彰显了“修己安人”之“心”在企业生产与社会发展中的积极意义。“修己安人”这一理念在福耀集团的管理实践中得到了广泛应用，福耀集团通过员工培训、企业文化建设和履行社会责任，促进了企业社会责任感的提升和企业的可持续发展。曹德旺先生所秉持的“心学”智慧，始终引领着企业的治理，并促使企业员工不断践行修心与生产的双向循环。在初创期，福耀集团注重员工的职业道德和

[1][2]　曹德旺．心若菩提［M］．北京：人民出版社，2017：1，176.

职业技能培训，同时注重企业文化建设，营造积极向上、和谐融洽的企业氛围，增强了员工的归属感和工作满意度。随着企业的发展，福耀集团逐渐进入全球化扩张阶段。在这个阶段，修心与生产的双向循环得到了更广泛的体现。首先，福耀集团注重跨国人才的培养，积极引进和培养具有国际视野和管理经验的人才，不断提升企业的国际竞争力。其次，福耀集团积极参与国际公益事业，通过捐资助学、扶贫济困等方式，提升企业的社会责任感和国际影响力。最后，福耀集团注重技术创新和产品升级，不断更新生产工艺和设备，提高生产效率和产品质量，从而更好地满足客户需求。修心与生产的双向循环在福耀集团的不同发展时期都得到了充分的体现，不仅有助于企业的发展，也对社会建设和国家治理产生了积极的影响。

1.“内圣外王”：福耀集团的“心学”智慧

在中国哲学的“心学”体系中，“内圣外王”是其内在的核心思想，其所展现的是以心性修养为重点的内在秩序自然推演的对国家治理、社会发展的积极建树。福耀集团在企业治理中汲取了以儒、释、道思想为核心的中华优秀传统文化资源，通过会通整合，形成了一种独特的企业治理方式。揭示福耀集团心灵秩序的内在要素，有助于理解其在全球化竞争中的文化优势与精神力量。

第一，儒家修心追求内在道德修养与外在管理实践的统一。在中华优秀传统文化与现代企业管理实践的交汇点上，儒家的修心理念提供了一个理想的理论框架，旨在通过道德修养实现个体与社会的和谐统一。

儒家哲学中的“修己以安人”[1]理念映射出其在维护社会和谐方面的作用。孔子主张以涵养个体德性作为实现社会整体安定的重要途径。这一思想通过德性教化与实践的延展，深刻展现了经济活动中的道德实践逻辑，揭示了道德与经济管理在具体实践中的辩证关系。中国古代经济在儒家道德框架的影响下演进，使商业行为与社会责任得以有效整合并付诸实践。在现代企业管理的语境下，企业的功能定位已不再是单纯追求经济效益的工具，同时也是培育员工道德素质与社会责任感的重要平台。曹德旺先生屡次强调，企业的核心竞争力在于“人”的培养及其道德修养，此观念与儒家“修己以安人”的精神高度契合。

通过深化企业文化建设，曹德旺先生成功展现了修心在现代企业管理中的实际应用。在他的领导下，福耀集团成为实践儒家“修身、齐家、治国、平天下”理念的现代典范。曹德旺先生通过树立道德榜样与推动文化教育，促进了企业内部价值观的升华与外部社会责任的履行。特别是在响应国家政策，主动淘汰落后产能的历程中，他坚守道德底线，拒绝利用技术漏洞规避监管，其行为展现出高度的道德自觉和社会担当。曹德旺先生曾自豪地说：“22 亿元人民币没能买到我的人格。”[2]这一立场彰显了儒家修心理念在现代企业治理中的现实贡献。如此，曹德旺先生的实践凸显了企业在履行社会责任方面的重要作用，展示了文化自觉对推动企业可持续发展与促进社会和谐的双重价值。

[1] 皇侃 . 论语义疏［M］. 高尚榘，校点 . 北京：中华书局，2013：387.
[2] 曹德旺 . 心若菩提［M］. 北京：人民出版社，2017：327.

第二，道家自省思想与福耀集团企业治理的融合。在全球化商业环境中，福耀集团的治理实践展现了道家自省思想与现代企业文化的高度融合，并通过创新性转化，将传统哲学智慧有效融入当代企业管理。尤其是在曹德旺先生的领导下，福耀集团将道家“无为而治”与“道法自然”等基本原则融入企业的日常管理，并通过高层领导的自我反思与行为示范，巧妙地将道家自省思想的内涵嵌入企业治理框架中，形成了高度自觉的道德体系与团队凝聚力。这一融合为企业的道德资本注入了强大的内驱力，同时增强了组织的竞争优势。

福耀集团的治理实践体现了道家哲学在现代企业治理中的多层次应用。首先，在领导者维度，曹德旺先生通过自我反省与高度的道德自觉，生动展现了道家“内观其心，外观其行”的管理智慧。他在“摔奖杯事件”[1]后对自身行为的深刻反思，是道家自省思想的典型体现。这种自省彰显了中华优秀传统文化中的“返璞归真”理念，即通过返归自然与本真的状态，实现对内在道德的修复与提升。曹德旺先生的反思展示了领导者如何通过榜样作用，引导企业在遵守伦理道德与实现商业成功中保持内在平衡与和谐。

其次，在管理者对待员工的维度，道家的自省思想也贯穿于福耀集团对员工的管理方式之中，展现了企业对员工道德修养的深层次关注。曹德旺先生通过倡导员工对自身行为进行持续反思，促使员工自觉承担

[1] 曹德旺．心若菩提［M］．北京：人民出版社，2017：143、159.

责任，提升“自身修养”和“行为素质”[1]，增强道德自觉。针对员工在食堂的浪费现象，曹德旺先生通过一封公开信促使员工反思其行为的后果，并强调了珍惜资源、尊重劳动的价值观念。此举展示了道家“反观自省”思想在现代企业文化中的深远意义。这种通过自我反思推动的文化转型，促使员工的个人修养与企业的整体治理在同一框架下互动与发展。

最后，通过将道家自省思想与企业治理相融合，福耀集团展示了传统哲学在现代企业管理中的深刻意义。道家哲学中的“无为而治”并非简单地放任，而是在减少过度干预的基础上，促使企业文化自发生成与演化，强调道德力量在推动组织效率提升与和谐发展中的重要性。福耀集团的管理实践表明，道家自省思想与现代治理策略的结合能促使企业在履行社会责任与文化责任方面多做贡献。福耀集团通过这种高度自律的管理模式，为全球企业治理提供了深具文化哲理与实践价值的创新路径。

第三，佛家修心追求觉悟与利他。佛家修心强调追求“心如莲花”[1]般的纯净与平和，通过禅修和内观去除杂念，达到慈悲与智慧的境界。曹德旺先生将“菩提心”理念融入福耀集团的管理，倡导通过关怀与利他塑造企业的社会责任感，推动员工与企业共同成长，提升企业的社会影响力。在企业管理实践中，曹德旺先生受佛教《金刚经》教

[1] 鸠摩罗什 . 妙法莲华经［M］. 李海波，校注 . 郑州：中州古籍出版社，2017：62.

义，尤其是“六度”——“布施”“持戒”“忍辱”“精进”“禅定”“智慧”精神的影响，他主张“布施”不仅是物质捐赠，更是精神和智慧的分享，通过无私奉献，企业和个人能够获得持久的发展与内在的满足。“持戒”被他视为企业规章制度的伦理基础，可确保组织在道德规范内运作，形成高标准的行为准则。

此外，“忍辱”与“精进”在曹德旺先生的管理哲学中体现为面对挑战的坚韧与持续追求卓越的精神，是企业长期成功的关键要素。通过修心，曹德旺先生实现了精神追求与社会责任的深度融合。他的慈善行为，诸如捐资助学与社会公益，进一步体现了佛家“顺其自然而有所作为”的理念，展示了企业伦理与个人觉悟如何在社会实践中相得益彰。

福耀集团在企业管理实践中深度融合了儒、释、道三家的“心学”智慧，构建了一种以修心为引领的管理模式，展现了真正的中国哲学精神，发挥了传统哲学智慧在管理实践中的应用价值。儒家的“内圣外王”理念为福耀集团提供了实现道德修养与管理实践统一的指引，道家的“无为而治”理念使得福耀集团通过最小干预实现了企业内部的高效运作，佛家的“菩提心”理念启发福耀集团将企业的社会责任与利他精神嵌入企业文化中。这种管理哲学赋予了福耀集团深刻的文化内涵和社会责任感。通过修心这一内在动力，福耀集团超越了单纯的经济利益追求，将道德与智慧转化为企业持续发展的力量，展现了中华优秀传统文化在现代化企业管理中的强大生命力与实践价值。

2. 福耀集团的修心与生产：马克思主义政治经济学的指引

福耀集团的生产经营受到强势的经济基础与意识形态的双向影响。马克思主义政治经济学是福耀集团实现生产力发展的重要理论源泉。这一理论框架不仅为理解企业的经济行为和文化演进提供了坚实的理论支撑，也为高层治理与基层生产实践提供了重要指导。在马克思主义政治经济学中，作为上层建筑的意识形态对经济基础具有强势的影响作用，诚如恩格斯所说：“物质存在方式虽然是始因，但是这并不排斥思想领域也反过来对物质存在方式起作用。”[1]对于福耀集团而言，其所倡导的心灵秩序构建对于生产效能的激发具有积极意义。

可以从福耀集团修心与生产的实践逻辑来分析。

一方面，福耀集团的文化与意识形态不仅是心灵秩序的体现，而且对经济基础的巩固和生产力的提升发挥了积极的作用。根植于福耀集团企业文化的修心理念，作为一种道德教化，在提升员工内在精神素养的过程中推动了企业治理能力与生产力的同步发展。在曹德旺先生的引领下，福耀集团的员工不断涵养自身的道德修为，将内在精神动力与工作实践紧密结合，形成了从内到外的全方位管理模式。这一管理模式在福耀集团的生产实践中展现了明显的成效。当韩国企业家问及福耀集团的核心优势时，曹德旺先生明确回答：“精细管理，敬业精神。”[2]这一回

[1] 卡尔·马克思，弗里德里希·恩格斯．马克思恩格斯选集：第4卷［M］．中共中央马克思恩格斯列宁斯大林著作编译局，编译．北京：人民出版社，2012：598.

[2] 曹德旺．心若菩提［M］．北京：人民出版社，2017：321-322.

答生动展现了企业文化对员工工作态度和专业精神内在驱动力的塑造作用。在福耀集团，敬业精神和精细管理不是单纯的行为规范，而是内在精神的外在表达，通过修心，员工在日常工作中自然展现出强烈的责任意识与细致严谨的工作态度。这种从内而外的文化驱动力，反过来促进了企业生产流程的优化与创新，显著提升了产品质量和市场竞争力，从而进一步夯实了福耀集团的经济基础。

另一方面，从生产力对于生产关系的决定性来看，福耀集团的经济基础，包括其先进的生产技术、规模化的生产能力及全球化的市场布局，为其文化体系和治理结构的完善提供了生产力支持。正如马克思指出的："物质生活的生产方式制约着整个社会生活、政治生活和精神生活的过程。"[1]根据马克思主义的基本原理，经济基础决定上层建筑，上层建筑反作用于经济基础。因此，企业的意识形态和文化政策最终应以促进生产力发展与提升市场竞争力为导向。福耀集团通过艰苦的创业历程和治理实践及对正反两方面经验的总结，确立了"诚信为本、天道酬勤、铁肩担道义"[2]等企业管理价值观。这些企业管理价值观不仅是企业生产力发展的自然产物，同时也成为推动企业进一步发展的精神动力。

福耀集团通过修心与生产的双重循环，将企业价值观融入员工的日常行为规范，构建了强大的文化体系。这种文化为企业的可持续发展战

[1] 卡尔·马克思，弗里德里希·恩格斯．马克思恩格斯选集：第4卷［M］．中共中央马克思恩格斯列宁斯大林著作编译局，编译．北京：人民出版社，2012：144.

[2] 曹德旺．心若菩提［M］．北京：人民出版社，2017：2-3.

略提供了内在的伦理依据。修心与生产的互动，也提升了企业内部的生产效率与团队凝聚力，同时通过文化资本的积累强化了企业的社会责任感，巩固了企业的长远发展路径。

3. 修心与生产的互动循环：企业发展的实践良方

在世界百年未有之大变局加速演进的背景下，企业发展面临诸多现实的挑战，不仅有来自全球化受阻引发的经济下行压力，也有来自企业自身治理中所遇到的“陌生化”“原子化”“逐利化”“内卷化”等现代性危机。面对当前企业内外交织的发展挑战，福耀集团所实践的修心与生产的互动循环为企业发展提供了一个可资借鉴的良方。福耀集团通过独特的“修心—生产”良性互动循环方式，将内在道德修养与外部经营策略有机结合，展现了如何在动荡的市场环境中寻求稳定与发展的平衡。

曹德旺先生在《心若菩提》一书中提出的“菩提心”理念，包含“用心、真心、爱心、决心、专心、恒心、耐心与怜悯心”[1]等多个维度。从“菩提心”的内容来看，其展现出“自强心”与“利他心”两个层面。这一“自强—利他”的伦理结构，强调的是在自我完善的同时，注重对他人的关怀与社会责任的承担。这种内外兼修的战略模式使福耀集团在不确定的市场环境中保持了修心的确定性与生产的合理性，在“心”与“物”的同频交织中，二者的循环为企业应对变局和危机提供

[1] 曹德旺 . 心若菩提 [M] . 北京：人民出版社，2017：1.

了可靠的行动方案。

自强之心作为福耀集团的内在驱动力，促使企业组织及其员工不断追求技术和管理上的卓越。在曹德旺先生的治企理念中，企业自身强大是应对一切危机和变局的前提。从福耀集团稳中求进的发展战略可以看出，自强之心为企业的经济发展提供了坚实的内在支撑。心灵秩序中的“自强—利他”结构展现的是福耀集团对自身修养、教化的重视，以及对社会责任的担当。

从“利他之心”来看，其作为福耀集团修心实践的外在导引的心性状态，其真诚性与真实性是利他行为的强力支撑，而且反映了企业的心性状态，这种状态在福耀集团的日常运作和决策中占据着重要位置。在此语境下，真诚性指的是一种无需外界驱动的内在动力，它不同于表面的或有目的的虚伪行为。真诚的利他行为基于对他人福祉的真正关切，而非追求个人的间接利益，如名声或回报等。这种行为体现了行为主体的道德自觉和高尚品质。当个体行为以真诚的利他为导向时，其内心世界会趋于一种更加和谐与有序的状态。这种内在的秩序有助于个人的道德完善，促使个体在遇到道德困境时，能够自然而然地做出符合伦理的选择，从而维护内心的平衡和道德的连贯性。

“利他之心”作为福耀集团修心实践的外在导引，展现了其心性状态的真诚性与真实性。从道德理性的维度来看，责任伦理所展现的利他性建基于实践主体的真心实意，这一自觉性的责任关怀相较于带目的性的关怀具有更高位阶的道德效能和发展效果。福耀集团通过积极参与社会公益活动与社会教育实践，展现了其作为社会道德主体的责任意识。这种利他性的道德实践强化了道德主体的心灵秩序构建，并促使企业在自我与利他，以及修心层面的“自强—利他”的互动关系中形成良性循环。

“自强—利他”的结构式修心，展现了福耀集团如何在经济利益与道德责任之间实现平衡，引导企业在追求市场竞争力的同时，承担起更广泛的社会责任。这一伦理结构同时彰显了福耀集团修心与生产“双向奔赴”的道德理性与经营实践的重要理念。福耀集团成功地将先进生产技术与企业价值观相结合，形成了一种以提升生产效率为导向，以道德修养和社会责任为基底的复合型企业文化体系。此种实践不单纯是对技术挑战的响应，亦是稳定与扩展企业心灵秩序的强大推力。

第二节　“菩提心”：曹德旺先生治企的心路历程

曹德旺先生以“菩提心”约束自身，并将其作为企业治理的核心理念，赢得了国家领导、企业同行及社会各界的广泛认可。他在《心若菩提》一书中曾将自我的“菩提心”追求结构化为“用心、真心、爱心、决心、专心、恒心、耐心、怜悯心……”[1]等要素。对于曹德旺先生而言

[1] 曹德旺．心若菩提［M］．北京：人民出版社，2017：1.

言，“心若菩提”不仅是对佛家智慧、慈悲之心的认同，也是他在人生发展、企业治理中不断淬炼的心性修养。从曹德旺先生治企的心路历程来看，其体现在科技器物层面的追求，以及福耀集团内部的治理和对外的责任担当三个层次。理解这三个层次中的“菩提心”，是认知曹德旺先生的企业家精神的必由之路。

1. 曹德旺先生对产品质量的执着追求

产品质量关乎企业的盈利能力，也关乎整个产业链的价值提升，是行业发展不可或缺的一环。在福耀集团的成长中，曹德旺先生倾注心血，专注于产品质量的精进与升级。他视“半生玻璃缘”为信仰，以耐心、专注和恒心将福耀集团打造成汽车玻璃领域的质量标杆。这种信念反映了“菩提心”精神对他的深刻启发——专注一事。在“菩提心”理念的影响下，曹德旺先生将每一块玻璃视为品质与承诺的象征，强调对安全性与可靠性的严格把控。

第一，严控产品质量。曹德旺先生曾在与一家玻璃厂的合作中，因发现其使用“本地产硅砂”及技术问题，导致产品的“铁和铝含量均超标”[1]，仅能用于建筑而无法满足福耀汽车玻璃的要求，果断决定暂停合作。这一决策反映了曹德旺先生对原材料品质的严格要求，展示了他的长远用心。这种从源头确保产品质量的做法是福耀集团维持行业领先地位的关键。

[1] 曹德旺．心若菩提［M］．北京：人民出版社，2017：266、165.

第二，追求产品的品质。曹德旺先生曾严厉拒绝使用成本低廉获利高的边角料来充当汽车玻璃，坚持“要有好的产品，好的供货时间”，就绝对“不能贪这个便宜”。不愿为了降低成本而妥协，这显示出他对产品质量的坚持。此外，曹德旺先生在分析观景灯玻璃的生产工序时，尤其提到“磨边”和“钢化”是“关键两道工序”[1],并依据材料和工序特点，结合风险金计算出合理价格。这种细致的成本计算表明他既关注材料成本，也考虑每道工序在成本中的占比。通过这一分析过程，福耀集团实现了在保证产品质量的前提下对成本的精准控制。

第三，技术创新。曹德旺先生早在2007年就提出了提升福耀集团技术水平和管理流程的战略，并提出了“创新技术，改革流程”的要求，目标是培养高素质的员工队伍，并以质量为重点推进管理的精细化。他坚信持续创新是适应市场变化的关键，是企业可持续发展的必要条件。在全员培训与流程改革中，他表现出应对市场变化的“决心”，坚决推动产品与服务的持续优化，确保福耀能够应对市场的激烈挑战。

2. 曹德旺先生在企业治理中体现的人文关怀

“以仁义为本”是曹德旺先生治理企业的重要理念，其贯穿于福耀集团生产的全过程，充分展现了曹德旺先生的人文关怀。在具体的企业经营中，曹德旺先生对员工的人文关怀主要体现在爱心、耐心、怜悯心

[1] 曹德旺．心若菩提［M］．北京：人民出版社，2017：266、165.

三个方面。爱心体现了曹德旺先生对企业员工的原生性认同，耐心体现在他对员工成长的持续关怀，怜悯心涉及他对企业中的弱势群体的帮扶援助。

曹德旺先生将爱心视为凝聚福耀大家庭的重要支柱。这一理念深刻体现在其对领导者职责的描述中。他提出了“爱兵如子”的管理原则，认为领导者需要“像父亲对待儿女一样对待工人，从德、智、体发展全方位去关心他们”[1]。这种领导方式彰显了曹德旺先生对员工的全面关怀，反映出他将员工视为企业最宝贵资源的信念。曹德旺先生的管理策略还进一步延伸到为每一位员工提供良好的成长环境，“将每个员工视为福耀的孩子”[2]，以此强化员工与企业之间的深厚联系。这种家庭式管理模式为员工提供了稳定的情感支撑，亦显著增强了团队的向心力和凝聚力，使得福耀集团被员工视为充满爱心与关怀的大家庭。曹德旺先生以爱心为内驱力的管理方式有效地巩固了福耀集团的和谐氛围，也确立了爱心作为福耀大家庭重要价值观的地位。这种管理实践表明，爱心作为增进员工间关系的纽带和激发潜能的关键因素，为维系企业长期稳定与持续发展提供了重要保障。

曹德旺先生对企业员工的耐心扶助贯穿于福耀集团员工成长的全过程，彰显出其非凡的领导智慧与长远的眼光。他亲自参加并主导企业的重要活动，展现出高度的耐心，这种企业家精神推动了企业文化的传承

[1][2] 曹德旺. 心若菩提[M]. 北京：人民出版社，2017：162，158.

与创新，亦建立起一种深层次的文化共识。他“亲自参加并主持了福耀史上第一次尾牙宴”，在与员工的互动中实现了对福耀企业文化的实质性塑造。在这种集体活动中，曹德旺先生强调宽容与鼓励的企业文化价值观，为员工带来成长的机会与信心。他指出，在宴会的舞台上，“掌声代表什么？……当你唱砸了，也会响起掌声，这掌声，代表谅解，相信你将来会唱得更好。”[1]这一番话消除了员工对失败的恐惧，是对他们的潜力与未来发展的肯定与信任，同时也是有效构建员工自信心的基石。在更广泛的管理实践中，曹德旺先生耐心地将不同层级的员工——“从总经理至生产一线的所有员工”[2]整合为具有高度凝聚力的团体，营造出一种包容性强且鼓励表达的工作氛围。从中可以看出，耐心深刻体现了福耀集团的文化深度，实践也证明了耐心对企业长期发展的战略重要性。通过将耐心融入企业家精神的内涵，福耀集团在新时代的外部挑战中不断展现了其内生动力和文化韧性，从而保持了持续的发展势头。

曹德旺先生的怜悯心是其“菩提心”理念中联系内外部组织的要素。他认为唯有真正理解员工的处境并予以实际关怀，方能赢得员工的信任与忠诚，从而在团队中激发出强大的凝聚力和向心力，在多变的市场环境中为公司奠定稳健发展的基础。这种怜悯心在他处理员工左某的个人困难时表现得尤为鲜明。面对该员工的婚姻和户籍问题，曹德旺先

[1][2]　曹德旺．心若菩提［M］．北京：人民出版社，2017：156、157，161.

生没有流于形式上的关心，而是深入了解具体情况，真正理解员工的困境和挑战并尽力去解决。他对员工的实际需求展现出高度的敏锐性与责任感："你还是想办法弄到证明将结婚证领了，至于你们结婚所需的费用，我来想办法。"[1]这一言辞表明他对法律和行政规则的清晰认识，展现出他对职工经济压力的理解。因为曹德旺先生穷困的童年经历就告诉他"同情心对于一个人是多么重要"[2]。这种责任感促使曹德旺先生进一步调查相关情况，他敏锐地发现类似的问题在公司中并非个案，而是年轻员工普遍面临的现实困境。他指出："公司里 80% 是年轻人，像左某这样的绝不是个案，应该有代表性，有共性。"[3]这种洞察反映出他在制定企业政策和推动企业文化建设时的道德自觉，并促使他将怜悯心延展至更广泛的政策实践之中，致力于从根本上解决员工的实际问题。为此，他与管理团队合作实施了创新性策略，明确在公司规章中设置保障措施，并倡导在年终"尾牙宴"上举办"集体婚礼"，以此帮助年轻员工减轻婚姻与生活压力，增进团队凝聚力。曹德旺先生的这些行动不仅在即时层面有效缓解了员工的现实困扰，更在长期内塑造了福耀集团的社区氛围和员工归属感，体现了他对企业文化的深刻理解与道德承诺，也引导企业领导层在复杂的管理情境中将怜悯心落实到实际行动中，从而塑造出兼具人文关怀和组织力量的企业生态。

[1] 曹德旺．心若菩提［M］．北京：人民出版社，2017：161.
[2] 布衣．50 位企业家的第一份工作［M］．北京：中国言实出版社，2012：53.
[3] 曹德旺．心若菩提［M］．北京：人民出版社，2017：161.

在曹德旺先生的企业管理实践中，爱心、耐心、怜悯心三个维度是他企业家精神的深层体现。这种精神并非停留于解决表面问题或缓和暂时矛盾，而是深刻地回应了员工成长的内在需求，逐步构建出真正适合长期发展的制度与环境。通过这种深层文化的浸润，曹德旺先生超越了传统的绩效驱动，将“人本主义文化理念”[1]融入福耀集团的每一处细节，营造出全方位增进员工福祉的工作氛围。这彰显了他对个体生命的关怀和对集体进步的承诺，使得福耀集团在管理与文化的融合中实现了温情的和谐。

3. 曹德旺先生对社会责任的履行

从企业内部的人文关怀到对外的责任担当，履行社会责任始终是曹先生坚定践行的核心价值准则。他将“菩提心”理念中蕴含的“布施”原则升华为企业发展的精神指引，使之成为企业履行社会责任的深层驱动力。这份善念的指引，使曹德旺先生明确了履行社会责任的价值，并将其视为企业长远发展的基石；使他深谙履行社会责任所蕴藏的力量，从而赢得了社会的信任、好感与支持；使他践行了以道义为经营准绳、以道德为牵引的发展方略，让福耀集团在稳步前行中展现出“铁肩担道义”[2]的企业风范。这种对责任与道义的执着追求，通过凝聚全体员工的信念与使命感，塑造了企业在社会中的良好道德形象。这一发展方略，彰显了福耀集团在实现经济价值与社会价值双重目标中的卓越贡献。

[1][2] 曹德旺．心若菩提［M］．北京：人民出版社，2017：158，239.

第一，在企业与社会良性互动中实现履行社会责任的价值。曹德旺先生秉持“有福者，必须先有量，福是从气量中求”[1]的原则，认为广泛的社会责任感是企业与个人福祉的重要源泉。这一理念深深根植于福耀集团的经营实践中。自1983年创业以来，曹德旺先生在40余年间始终践行“取之于社会，用之于社会”的慈善信念，累计个人及福耀集团捐赠已逾百亿元，重点关注教育与基础设施建设领域，如资助贫困学子、修建学校与公园等。这些长期投入不仅满足了社会的当下需求，也为可持续发展奠定了深厚基础，体现了他将企业成功与社会福祉紧密相连的远见卓识。曹德旺先生通过实际行动履行社会责任，致力于减少社会风险，增进公共福祉，引导更广泛的社会参与和支持，最终促进社会的稳定与和谐。

第二，履行社会责任带来的能量激发了企业内外部的积极性。在当今精致的利己主义与逐利欲望盛行的经济环境中，企业能够秉持无私与利他精神并承担起社会责任，尤为难能可贵。曹德旺先生通过履行社会责任所获得的能量，无疑构成了福耀集团实施可持续发展战略的内在驱动力。这种能量内化为激励企业员工积极创新的动力，外化为增强与合作伙伴及消费者之间的信任的关键因素，进而推动品牌价值持续提升。从内部来看，曹德旺先生塑造了一种富有社会责任感的企业文化。这种文化为员工提供了超越单纯经济利益的奋斗目标，使得他们在日常工作中能够找到更深层次的意义与满足感。员工的自豪感因此得以提升，创

[1] 曹德旺. 心若菩提[M]. 北京：人民出版社，2017：349.

新意识也在这种责任感的驱动下日益增强，形成了良性循环。从外部来看，曹德旺先生履行社会责任的行为深刻影响了其与外部利益相关者的互动。无论是与供应商的合作，还是与消费者的互动，这种社会责任感都转化为赢得信任的资本，促进了长期稳定的合作关系的建立。这种信任为企业的市场定位与品牌塑造提供了强大的软实力。

第三，以道德引领业务创新和实践的道义型生产经营。曹德旺先生的企业管理理念深刻体现了道义型生产经营的伦理向度，即在推动企业创新和实践的过程中始终坚守道德标准。这一理念与传统以利润为中心的经营模式形成鲜明对比，曹德旺先生主张企业不仅要追求经济效益，还应承担社会责任，关注员工福利并保障环境的可持续性。他的企业战略始终以道德责任为出发点，推动福耀集团在绿色生产与环保材料应用方面的探索，强化可持续发展的理念，提升了企业的社会声誉与市场认可度。曹德旺先生通过伦理标准引领公司战略，确保企业行为符合社会伦理要求，从而塑造了具有道义感的品牌形象。尽管道义型生产经营在短期内可能面临成本挑战，特别是在环保生产领域可能带来较高的生产成本，但曹德旺先生凭借坚决履行社会责任和促进可持续发展的信念，最终赢得了消费者的忠诚，并获得了市场份额，从而实现了稳健的长期发展。然而，这一模式也面临一定挑战，尤其是在全球化背景下，文化差异和市场需求的多样性使得不同地区对道义型生产经营的理解与标准各异，这为跨国企业的伦理决策增添了难度。尽管如此，曹德旺先生通过持续的实践证明了道义型生产经营在现代企业中的可行性与长远效益。

曹德旺先生所创造的企业价值观与道德实践模式，从内到外体现了深刻的伦理意识与社会责任感。这一模式在福耀集团的企业治理中形成了独特的交织体，融合了个人信仰、文化价值和经济逻辑的多重维度。“菩提心”理念在福耀集团的企业治理体系中的诠释，体现为从个人到企业再到整个社会的一种宏愿——“祈求身边的社会和谐、稳定并与之共同发展”[1]。曹德旺先生的治企理念呈现出与传统管理路径截然不同的现代企业治理方式，为当代和未来的企业家提供了一条富有伦理导向与社会担当的创新管理之路。

第三节　立己与立人：福耀集团企业治理的“心学”实践

企业治理的目标，不仅在于实现经济指标，更在于对企业社会价值的提升。作为中国制造的典型代表，福耀集团的发展历程生动诠释了“立己”与“立人”的内涵，也展现了儒家“心学”思想在现代商业社会的深刻价值。“立己”之道，乃企业安身立命之根本，涵盖对自身使命的坚定追求与内部治理的卓越构建；“立人”之义，则承载了从个体员工到社会责任的层层递进，展现出企业对人类福祉的关切和对社会责任的担当。福耀集团的发展并非一帆风顺，而是经历了“穷则独善其

[1] 曹德旺．心若菩提［M］．北京：人民出版社，2017：349.

身，达则兼济天下”的动态平衡——在资源有限时锚定核心，在实力充盈时普惠社会。其经营智慧，体现了“心学”中“内圣外王”的哲学气韵，也包含了现代企业治理对可持续发展的诉求。我们以“立己与立人”为命题，从福耀集团的治理实践入手剖析其内在逻辑，探求其在实现经济指标与履行社会责任的双重维度下，达成个人与群体、当下与未来和谐共鸣的密码。这是一次传统文化与现代治理的对话，蕴含着对企业经营智慧的理论化思考。

1.“立己”：福耀集团的“安身”与“立命”

福耀集团的“立己”之道，融合了价值观引领、技术创新驱动以及社会责任践行等多重维度，深刻诠释了企业成长规律与社会责任担当的内在逻辑。这一实践揭示了企业如何通过内外合力走向卓越。而在复杂的商业生态中，唯有兼具内在信仰与外在能力，并将实现社会价值作为使命归宿，方能真正实现“安身”与“立命”的高度统一。这种从内而外、由己及人的“立己”智慧，构成了福耀集团自身的独特优势。

从“安身”的维度来看，“立己”的关键在于以明确的道德标准为指导，建立科学的行动规范。福耀集团在曹德旺先生的指引下，秉承“菩提心”专注一事的理念，以精工制造为轴心，笃定于“专注”“匠心”与“可持续发展”的重要战略。福耀集团以玻璃制造为本，正如曹德旺先生所言：“决定选择制造汽车玻璃作为我的主业，并为之奋斗终生。”[1]福耀集团凭借技术创新与管理精进，不断确立其在行业中的独特地位。从技术层面看，其在掌握玻璃制造的关键核心技术的前提下，持续推进研发进程，现已跻身全球顶尖汽车玻璃供应商之列。从管理层面看，其高效的供应链管理与全球化运营模式，更是在产业链布局上形成了独特的系统性竞争优势。从运营层面看，企业的长期竞争力源于对外部机遇的精准捕捉、对内部资源的高效配置以及对环境变化的敏锐洞察力和适应能力，这一切奠定了企业长期可持续发展的坚实基础。福耀集团的实践表明，企业的“立己”终将外化为对社会创造价值，成为企业在市场竞争环境中履行使命、确立地位的前提和基础。

从“立命”的维度来看，福耀集团始终将使命与社会责任紧密相连。从环境保护到公益慈善，从员工权益到社会福祉，福耀集团一直在主动塑造和谐美好的社会生态。社会的进步离不开个体和群体间的互惠关系，而企业作为现代社会的重要单元，其存在的意义亦取决于其对社会整体的贡献。福耀集团创造的社会价值展现在其回馈社会的多维实践中：从扶贫济困的慈善行动到实现“双碳”目标的环保战略，其一系列担当彰显了企业“立己”理念与社会使命的同频共振。

福耀集团的“立己”与“立命”实践遵循一种递进的逻辑：从个体心灵修养出发，延展至责任的外化与社会影响力的形成。这既是一种递

[1] 曹德旺. 心若菩提 [M]. 北京：人民出版社，2017：206.

进的伦理演绎过程，也是一种循环往复、螺旋上升的价值创造路径。福耀集团赋予生产经营以超经济意义的文化灵魂，使其在与社会的互动中成为文明发展的有机组成部分。

2.“立人”：从企业内部向社会扩展的责任感

庄子有言：“独立而不改，周行而不殆。”[1]福耀集团通过“立人”，为自身、为员工、为社会塑造了可持续发展的实践模式。“立人”作为东方文化思想的重要命题，承载了儒家传统中关于个体价值与社会秩序的智慧。在“修身、齐家、治国、平天下”的渐次展开中，“立人”作为对个体内在道德修养的精进，亦是一种将个人成长融入社会发展的伦理视野。这一理念放在企业治理语境中，与现代企业社会责任的理论体系产生了深度共鸣。

作为一种实践哲学，“立人”与“利他主义”相契合：通过提升个体与社区的共同福祉，实现企业与社会的双向赋能。在福耀集团的企业实践中，“立人”包括企业对员工个体能力与价值的培养与提升，体现在通过系统化机制推动个体潜能的发挥，以构建共生、共享的企业文化。从个体到群体的有机延伸，在企业内部形成了重要驱动力，为企业的长远发展奠定了坚实的文化基础。

福耀集团的“立人”实践，构建了一种独特的企业社会责任生态，从而使企业及员工的责任感不仅是制度约束的结果，更是一种内在的价

[1] 王弼 . 老子道德经注校释［M］. 北京：中华书局，2008：62-63.

值觉悟。这种觉悟，恰如曹德旺先生倡导的“爱兵如子”[1]理念，体现了对职业严谨执着的追求与对人性温情的深刻理解。通过完善的员工培训体系、层级清晰的职业发展路径以及以人性化为导向的企业文化构建，福耀集团将每一位员工视为企业机体中不可或缺的“细胞”。这一过程既体现了对个体价值的尊重，也包含着对群体力量的激发。福耀集团的实践并未止步于人力资本的简单优化，而是在理念与行动的双重层面，创造性地将员工从“工具性角色”转化为“价值共创者”。这一转化，展现了企业将“立人”作为内生动力的深刻意义：企业不再仅追求经济效益，而是在提升自我价值方面对员工不断赋权，最终实现内部治理的道德化与智能化。福耀集团通过技能培训与文化培养，提升了员工的自我效能感与归属感，构建了企业内部的良性成长生态。其早期将工厂视为学校，注重再培训和系统性人才培养，迅速缩短了与国际顶尖水平的差距。通过“请进来”与“走出去”的策略，福耀集团既完善了内部培训机制，又派遣技术与管理人员赴海外深造，吸纳全球经验，实现了技术与文化建设的协同发展。

通过贯彻“立人”的实践模式，福耀集团在企业内部的实践中建立起一种伦理自觉，并在向社会扩展中展示出“由己及人”的远大格局。通过捐赠助学、扶贫济困以及“修建学校、公园、道路、寺庙、图书馆”等公共基础设施，福耀集团将企业的经济能力转化为社会善意，

[1] 曹德旺. 心若菩提 [M]. 北京：人民出版社，2017：156.

以"发宏愿祈求身边的社会和谐、稳定并与之共同发展"[1]的胸怀，深刻诠释了责任的外化与扩展。这种责任实践已然超越了传统慈善的单一维度，成为一种系统性、持续性的社会赋能形式，其基本目标在于通过企业的伦理介入，推动社会系统的优化与可持续发展。以福耀集团的环保项目为例，其既是对当下环境责任的承担，亦是一种面向未来的文化构建——通过向公众传递可持续发展理念，使"立人"成为社会价值体系中的重要组成部分。福耀集团的外部实践从个体到组织、从企业到社会，层层递进，形成了一种内外统一的责任结构。

从效果来看，这种责任的外化提升了企业的社会声誉，更重要的是，福耀集团以"立人"之名，参与到社会道德秩序的重塑与文化张力的释放中，展现了企业社会责任的超越性与持续性。安永企业家大奖评委孙裔基对曹德旺先生的评价为"致力承担社会责任"[2]，改善了许多人的生活，这是对曹德旺先生的深远影响力的高度认可。这种影响力通过福耀集团在社会各领域的持续实践，转化为持久而重要的社会贡献。

3. 穷则独善其身，达则兼济天下：福耀集团的经营智慧

从"立己"到"立人"的转换需要动态平衡的战略艺术。"穷"与"达"，并非彼此割裂的二元对立，而是企业在发展历程中动态切换的两种状态。福耀集团的经营智慧在于深谙"独善其身"与"兼济天下"之间的辩证法，善于在不同时期以灵活的战略实现两者的平衡与转换。企

[1][2]　曹德旺．心若菩提［M］．北京：人民出版社，2017：349，335、210.

业生命周期理论指出，企业在不同阶段对资源与能力的需求有所不同；动态能力理论则强调，企业需要根据外部环境的变化动态调整其资源配置与战略重心。福耀集团在巩固其在核心业务领域的全球领导地位的同时，采取国际化策略进军美国市场，按照曹德旺先生的设想——“我可以把美国当成一个标杆”[1]，此举增强了集团的国际影响力，创造了大量的就业机会，也加深了技术与文化的跨地域交流。福耀集团由“立己”扩展至“立人”，显现了其从内向外的发展逻辑，从而实现了对社会责任的更高层次的践行。这种转化是其社会价值在更广泛领域中的深化和升华。这一动态转化的成功实现需要两种智慧：其一是对内守正创新，确保企业核心竞争力不断增强；其二是对外应势而动，将企业利益与社会福祉有机结合。这种辩证思维彰显了企业家精神的高度，并深入诠释了商业文明与社会责任的深度交融。唯其如此，企业方能在“独善其身”与“兼济天下”之间游刃有余，成就自身的恒久繁荣与社会的共同福祉。

“穷则独善其身”，是指个体或组织在资源有限、环境多变时，通过专注内在修养与资源优化，确保自身稳健持续地发展。这一命题在企业实践中体现为对核心能力的提升和对边界的守护。福耀集团在创业之初，将目光牢牢锁定在汽车玻璃制造这一细分领域，在资源有限、“内卷化”严重和利己主义盛行的行业中，力避多元化的诱惑，专注于对技

[1] 曹德旺．心若菩提［M］．北京：人民出版社，2017：335、210.

术的深耕与对品质的极致追求。这种选择与资源基础观理论契合，即企业须以稀缺而独特的资源为基石构筑竞争优势。福耀集团对核心技术的持续投入，使其在全球汽车玻璃市场中形成难以复制的技术壁垒与品牌效应。“独善其身”的战略是企业伦理的重点所在，它要求企业在稳固自身的同时，确保在动荡的经济环境中坚定不移。此策略避免了单纯追求利润，引导企业不失其道。自我提升成为连接可持续发展的桥梁，为企业在“立己”与“立人”之间实现道德的均衡提供了基础。

“达则兼济天下”之旨，在于个体或组织于资源丰盈、能力充裕时，超越私利的局限，将其成功的果实回馈社会，实现更高层次的价值共享。福耀集团在发展壮大的过程中，主动承担社会责任，以实际行动践行了这一思想。如支持教育事业、投资扶贫项目等，无不展现出其对“立人”理念的深入践行。这一做法与现代企业社会责任和共享价值创造理论不谋而合。两者皆主张企业是经济主体，亦是社会变革的关键推动者，其核心使命在于通过整合自身资源与能力，创造超越利润的公共福祉。在经济与社会利益的交汇点，企业可以将商业逻辑融入公益实践，通过多维度的价值创造，实现经济效益与社会效益的深度融合。此种“兼济天下”的做法提升了企业的形象与信誉，为其赢得更广阔的发展空间。

福耀集团的经营实践生动地诠释了“穷则独善其身，达则兼济天下”的哲学意蕴。从专注于核心能力的“立己”，到积极承担社会责任的“立人”，再到在二者之间实现动态平衡，其经营之道形成了一个环环相扣、内涵丰富的逻辑体系，展示了企业在现代化经济体系中的价值创造逻辑。这一逻辑体系展现了福耀集团在全球化竞争格局中超越市场功利的卓越洞见，亦凸显了企业作为社会有机体的价值内核与文化使命。在“穷”与“达”之间的战略权衡中，福耀集团以实践为载体，探索出企业自我发展与创造社会价值深度协同的路径，为现代企业在不确定的时代背景下寻求经济理性与社会关怀的平衡提供了鲜活的理论范式与实践依据。

第二章

“心”之认知：在福耀集团的实证调研

在当前全球化进程加速推进的背景下，企业成功的关键因素已超越了单纯的技术创新与生产效率提升，企业文化的塑造与管理理念的革新成为不可或缺的要素。“修心”这一概念在现代企业管理语境下，不仅仅是提升个人修养的方式，更是企业文化建设、管理策略优化、员工福祉增加的关键途径。福耀集团作为中国领先的汽车玻璃制造商，长期以来在全球市场中占据重要地位。其成功的背后，除了技术创新和生产力提升外，企业内部文化的塑造与员工心态的调适也起到了至关重要的作用。如何融入修心理念，提升生产效率与员工的创造性思维，成为当代企业管理的一个重要课题。

“调查研究是谋事之基、成事之道，没有调查就没有发言权，没有调查就没有决策权”[1]。因此，本章围绕“心”之认知进行实证分析，探讨福耀集团如何将修心理念融入企业生产流程，并分析该理念对生产效率提升、员工心理状态调整以及企业竞争力增强的作用。本项研究采用问卷调查、结构化访谈等多种方法，深入探究了福耀集团员工心理调适与生产实践之间的关联性，以及修心与生产效率之间的内在联系。

——

[1] 中共中央办公厅 . 关于在全党大兴调查研究的工作方案［N］. 人民日报，2023-03-20.

第一节　福耀集团被测对象分析

2024年11月，笔者基于对修心与生产之间内在联系的深入分析与研究，经过多次修改和完善，制定了“修心与生产：福耀集团的企业治理之道”课题调查问卷（详见附件1），并在2024年11—12月间在福耀集团内部进行了问卷的发放与调研。该调查问卷由两部分组成，共包含13个问题。问卷在掌握调查对象的基本信息，如性别、年龄、教育水平、职位等级的基础上，在确保问卷信度与效度的前提下，设计了单选题与多选题。单选题主要评估调查对象对“心若菩提”企业家精神和“敬天爱人，止于至善”企业治理理念的认同程度，以及对心性修养与企业生产关系的理解程度。多选题则着重调查心性修养在生产经营中的具体效用、在生产经营中培养“利他之心”所面临的障碍，以及如何培养“利他之心”。通过这一系列问题，本研究全面考察了福耀集团在生产经营过程中如何实现修心与生产的良性互动。

为提高调查问卷的信度和效度，避免争议，笔者将福耀集团内部不同层级、不同岗位的员工作为问卷发放的主要对象。本次调查充分考虑到样本的代表性和科学性，共发放问卷780份，收回有效问卷780份，有效回收率100%。调查数据经由统计软件进行分析。

1. 调查对象的性别与年龄结构

从表2-1的调查结果可以看出，调查对象中男性居多，占比高达69.2%，明显超过女性（30.8%），高出38.4个百分点。因为福耀集团作为制造业公司，其公司内部员工男性占比高于女性占比。

表 2-1　调查对象的性别结构

性别	人数 / 人	比例 / %
男	540	69.2
女	240	30.8
合计	780	100

注：数据来自调查问卷的统计结果。

从表 2-2 的调查结果可以看出，参与问卷调查的福耀集团员工的年龄层主要集中在 35 岁以下和 36 ～ 50 岁之间。具体而言，36 ～ 50 岁的员工占据了最大的比例（48.7%），紧随其后的是 35 岁以下的员工，占 43.6%。这表明，公司员工群体的年龄大致集中在中青年阶段，反映了公司注重中坚力量的培养，同时也具备一定的年轻化特点。这对公司未来的创新发展和市场适应能力具有积极影响。福耀集团在未来的招聘和人力资源管理中，应适当关注不同年龄段员工的平衡，确保公司持续发展所需的多元化人才结构。

表 2-2　调查对象的年龄结构

年龄	人数 / 人	比例 / %
35 岁以下	340	43.6
36 ～ 50 岁	380	48.7
51 ～ 60 岁	40	5.1
61 岁以上	20	2.6
合计	780	100

注：数据来自调查问卷的统计结果。

2. 调查对象的教育背景

从调查对象的文化程度来看（见表 2–3），具有本科学历的员工占绝大多数，占比高达 71.8%。这也说明具有本科学历的员工是企业的主力，福耀集团的员工普遍具备较高的教育水平，能够为企业的日常运营、管理以及技术创新提供良好的知识支持。具有硕士研究生学历的员工有 130 人，占比为 16.7%。虽然这一群体所占的比例较低，但这些高层次的专业人才在企业的技术创新和战略决策中起着重要作用。博士研究生仅有 10 人，占比为 1.3%。虽然人数较少，但拥有博士学历的员工往往具有深厚的学术背景和独立研究的能力，能够为企业的技术研发和创新做出极大的贡献。拥有其他文化程度的员工有 80 人，占比为 10.2%。这一类别可能包括具有特殊技能或职业资格证书的员工，尽管他们文化程度略低，但他们在特定岗位或技能方面的贡献同样不可忽视。

表 2–3　调查对象的文化程度

文化程度	人数 / 人	比例 / %
本科	560	71.8
硕士研究生	130	16.7
博士研究生	10	1.3
其他	80	10.2
合计	780	100

注：数据来自调查问卷的统计结果。

福耀集团的员工文化程度总体较高，拥有本科及以上学历的员工占比接近 90%。这种文化程度结构能够为公司带来强大的技术支持和管理能力，有利于推动公司的创新发展。未来，福耀集团可继续注重培养和引进高层次人才，同时也应重视和支持具有特殊技能和经验的员工，进一步提升员工整体的多样性与综合竞争力。

3. 调查对象的岗位层级情况

由表 2–4 可见，被调查对象中福耀集团一般干部的占比为 47.4%，是最大群体。这一比例也反映了公司中干部的数量较为庞大，这可能代表了福耀集团对中层管理的重视。其次是普通员工，占比为 41.0%。这一群体占据了接近一半的比例，反映出福耀集团的基层员工群体较为庞大。而高级管理层人员仅占 10.3%，这一比例较低，表明高级管理人员数量相对较少，由少数核心决策者组成。最后是其他层级的员工，有 10 人，占比为 1.3%。这一类别可能包含一些特殊职位或不属于上述分类的员工，人数较少，未对调查对象的整体结构产生显著影响。

表 2–4　调查对象的单位层级结构

单位层级	人数 / 人	比例 / %
高级管理	80	10.3
一般干部	370	47.4
普通员工	320	41.0
其他	10	1.3
合计	780	100

注：数据来自调查问卷的统计结果。

通过交叉统计（见表2–5）发现，不同文化程度的调查对象的层级情况有所不同。本科文化程度的调查对象共560人，其中大部分（270人）属于一般干部层级，占比为47.3%；230人为普通员工，占比为41.8%；50人为高级管理者，占比为9.1%；10人为其他层级，占比为1.8%。这表明，本科学历的员工在中层管理人员和基层工作人员中占比较大，是公司运作的骨干力量。硕士研究生文化程度的调查对象共130人，分布相对较为均匀：60人为一般干部，占比为46.2%；60人为普通员工，占比为46.2%；只有10人属于高级管理者，占比为7.7%。这可能表明在公司较高层次的管理岗位上，硕士研究生文化程度的员工相对较少，而在一般干部和普通员工中则有所分布。博士研究生文化程度的调查对象只有10人，并且属于一般干部层级。这一数据表明，拥有博士研究生文化程度的员工在福耀集团中占比极小，且主要集中在中层干部，而没有进入高级管理层。其他文化程度的员工共80人，其中30人为一般干部，占比为37.5%；30人为普通员工，占比为37.5%；20人为高级管理者，占比为25%。这些员工可能是具有特殊技术或经验的人员，其文化程度虽然未达到本科及以上，但在公司中依然占有一定位置，尤其在管理层和普通员工中有一定分布。从调查对象的整体数据来看，福耀集团的员工文化程度以本科及以上学历为主，本科学历员工在各层级中占比较高，尤其集中在中层干部和普通员工中。

表 2-5 调查对象学历与职级情况的对照表

文化程度	人数 / 人				
	高级管理	一般干部	普通员工	其他	合计
本科	50	270	230	10	560
硕士研究生	10	60	60	0	130
博士研究生	0	10	0	0	10
其他	20	30	30	0	80
合计	80	370	320	10	780

注：数据来自调查问卷的统计结果。

第二节 问卷分析：福耀集团员工分类别、分层级调研

随着企业文化建设的深入推进，许多企业家开始关注修心在生产过程中的重要性。曹德旺先生提出的“心若菩提”企业家精神以及福耀集团所倡导的“敬天爱人，止于至善”的企业治理理念，强调了内在心性修养对企业长期发展的深远影响。调查数据显示，福耀集团的员工普遍认为内心修养与企业生产之间存在密切的关系，且修心对生产的促进作用得到广泛认同。具体而言，大部分员工认为心性修养不仅是提高生产质量的决定性因素，而且在当前竞争激烈、压力巨大的经济环境中，内在秩序的和谐能够激发员工的积极性与创造力，从而形成推动企业持续发展的内在动力。

1. 福耀集团员工对企业文化与社会责任呈现正向认同

从调查问卷的结果（见图 2–1 和图 2–2）可以看出，绝大多数员工对曹德旺先生提出的“心若菩提”企业家精神和公司“敬天爱人，止于至善”的治理理念给予高度认同，分别有 89.74% 和 89.74% 的员工表示非常认同，这充分反映了福耀集团的企业文化对员工的深刻影响。“心若菩提”和“敬天爱人，止于至善”是福耀集团创始人曹德旺先生所提倡的核心企业精神与治理理念。两者本质上强调了内心修养与人文关怀的结合，体现了企业经营中的伦理道德与人性化管理。

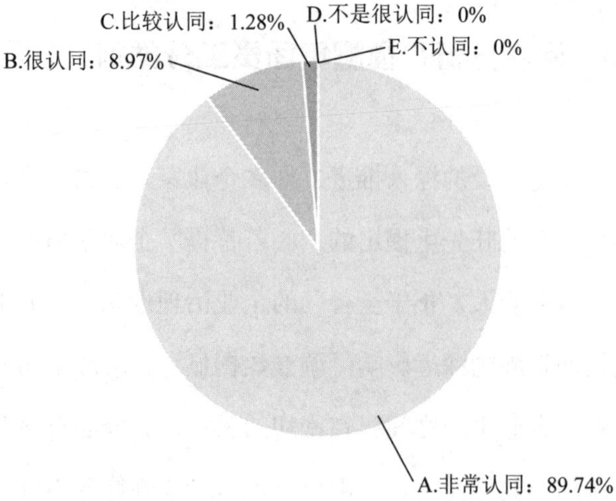

图 2-1　调查对象对“心若菩提”企业家精神的认同情况

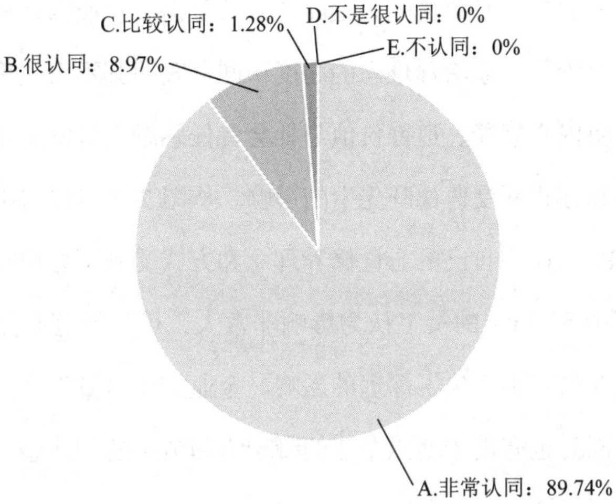

图 2-2 调查对象对“敬天爱人，止于至善”理念的认同情况

“心若菩提”这一理念源自佛教思想，强调心境的清净与坚韧，表明在复杂的市场环境中，企业家应保持清明、宽容的心态，以应对外部压力与挑战。“敬天爱人，止于至善”的治理理念深刻体现了人文关怀和管理哲学，强调企业要顺应自然规律，还要注重员工的福祉与社会责任，鼓励员工在工作中做到敬畏自然、尊重他人，树立高尚的社会责任感。高比例的认同（89.74%）表明企业文化与员工价值观的一致性较强。当企业文化与员工的个人价值观相契合时，员工在工作中能够感到更强的认同感和归属感，这有助于增强团队合作精神、提高工作效率，进而提升企业的整体绩效。

福耀集团的员工对曹德旺先生的“心若菩提”企业家精神和“敬天爱人，止于至善”企业治理理念的高度认同，表明其不仅注重专业技能的提升，还将内心修养、道德价值与社会责任感融入日常工作中，其心性修养理念和方式深受曹德旺先生的影响。从图 2-3 可以看出，大多数员工（91.03%）认为自己的心性修养理念和方式受到了曹德旺先生的较大影响，其中 55.13% 的员工认为影响非常大，可见曹德旺先生的个人修养和理念在员工中产生了深远的影响。企业文化对员工个人发展的影响力较大，同时也有助于增强企业的凝聚力和员工的责任感，进而推动企业持续健康发展。

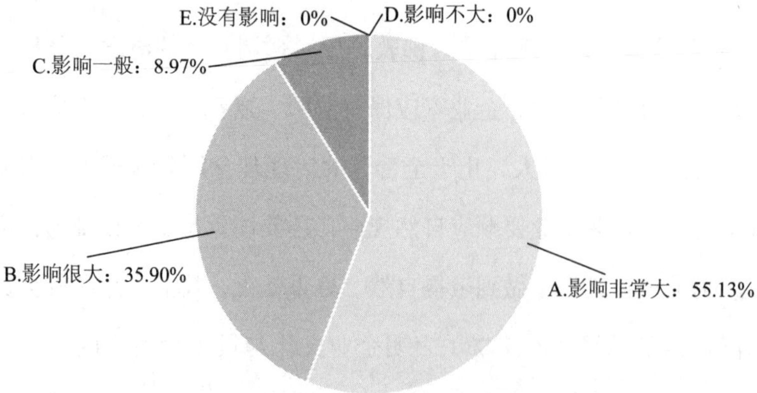

图 2-3　调查对象的心性修养和理念受曹德旺先生影响的程度

2. 修心与生产：内心修养与企业生产构成双向循环关系

从图 2-4 中我们可以清晰地观察到，超过半数的员工（52.56%）认为加强心性修养对企业生产的影响是极其重大的。他们深信古人所言的“内圣外王”理念，即一个人内在的道德修养和精神境界，是决定其能否成功发展的关键因素。在这些员工看来，心灵秩序的建立和完善，对于企业的发展具有决定性的作用。此外，还有 39.74% 的员工也认为加强内心修养对企业生产的影响是相当大的。他们相信，内心和谐有序和宁静，往往能够决定企业生产的精气神，即企业的活力和创造力。根据调查数据可以发现，没有一个员工认为加强内心修养对企业生产的影响是微不足道的，或者说是没有影响的。这充分说明了员工普遍认同内心修养与企业生产之间存在紧密的联系。

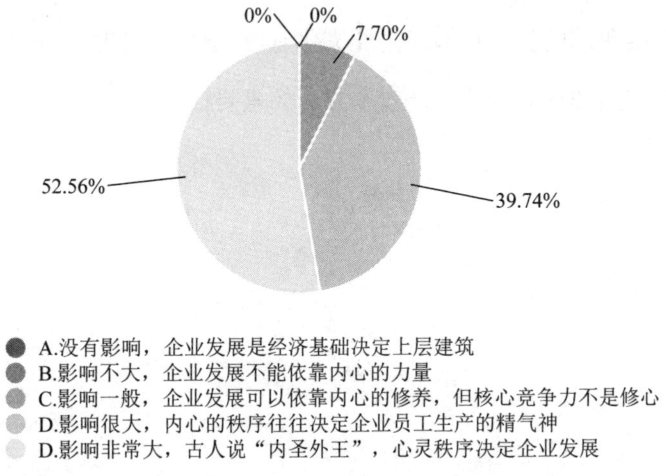

图 2-4 加强心性修养对企业生产是否有影响

此外，根据对调查结果（见图 2-5）的详细分析，我们可以看到一个显著的趋势：有相当大一部分员工（占 62.82%）坚信内心修养在企业生产过程中扮演着非常重要的角色，并且认为拥有强大的内心能够显著地推动和提升企业的生产效率。这些员工的观点强调了个人精神状态对于企业生产效率的正面影响。同时，调查还发现约 1/3 的被调查者持有这样的看法：他们认为内心修养实际上决定了企业生产的质量。他们可能更加注重生产过程中的精神层面，相信精神力量对于产品质量有着决定性的作用。然而，也有极少数员工（仅占 1.28%）持有不同的观点，认为内心修养对于企业生产的影响是微不足道的。这部分员工可能更加倾向于认为企业生产是一种智力运作的过程，更多地依赖于技术和知识，而不是心灵或精神层面。尽管如此，绝大多数被调查者，即超过 98% 的人依然认为内心修养对于企业生产具有积极的意义。这一数据反映出福耀集团的员工普遍对企业文化有着较高的认同感，他们认同企业文化在塑造和提升企业生产效率方面的重要性。

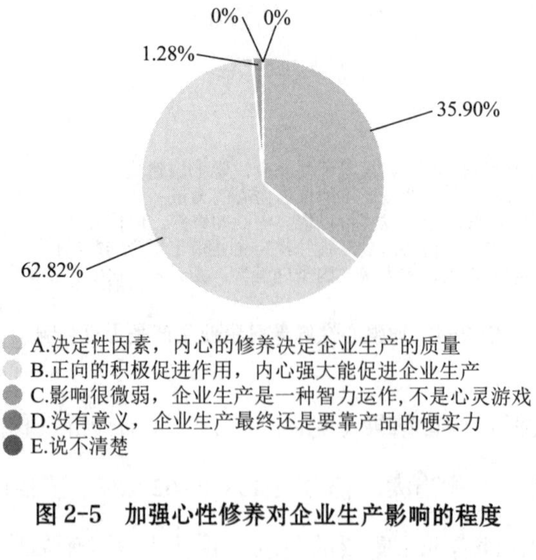

图 2-5　加强心性修养对企业生产影响的程度

此外，从调查数据（见表 2-6）中也可以看出，在心性修养方式的选择方面，儒家思想（己欲立而立人，己欲达而达人，己所不欲勿施于人）对被调查对象的影响最大，占比为 85.9%，这表明传统的儒家思想在现代社会中仍然具有广泛的影响力。紧随其后的是共产主义（加强党性修养，对党忠诚，不负人民）和佛家思想（一念菩提，普度众生），它们分别获得了 67.9% 和 66.7% 的支持，显示出在现代职场和社会中，哲学和政治思想对个人修养有着不可忽视的影响。

表 2-6　调查对象的心性修养方式

心性修养方式	人数 / 人	比例 / %
儒家：己欲立而立人，己欲达而达人，己所不欲勿施于人	670	85.9
道家：虚壹而静	220	28.2
佛家：一念菩提，普度众生	520	66.7
耶稣基督：洗涤原罪，博爱大众	20	2.6
共产主义：加强党性修养，对党忠诚，不负人民	530	67.9
有效填写	780	100

注：数据来自调查问卷的统计结果。

根据调查数据（见图 2-6），可发现大多数员工认为修心与生产经营之间存在着紧密的关系，有 75.64% 的员工认为修心与生产构成双向循环关系，内心修养能促进生产，生产过程中积累的经验和成就能进一步提升内心修养。超过 1/5 的被调查者认为修心能够促进生产，这表明一部分人认为内心修养对生产的促进作用是单向的，即修心可以直接提升个人和团队的生产效率、创造力和合作能力。没有被调查者认为修心会阻碍生产。

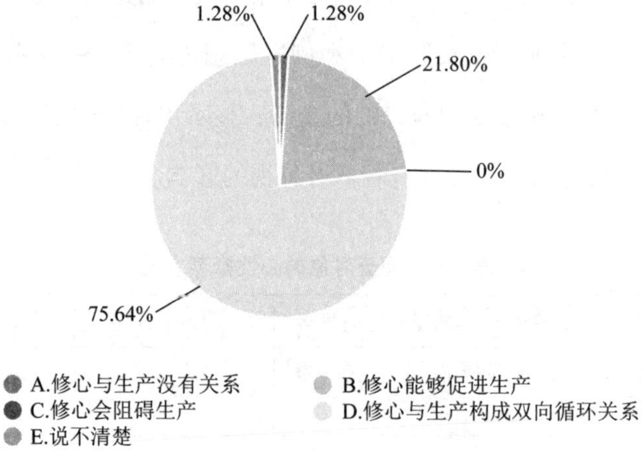

图 2-6　修心与生产的内在关系

具体来看，在修心对生产经营的作用方面（见表 2–7），绝大多数人认为内心修养是生产经营的内因，心灵秩序直接影响生产经营秩序，这一观点获得了 88.5% 的支持。此外，内心修养也能影响生产经营理念和方法，这一选项得到了 87.2% 的认可，显示出修心能在企业决策和执行中起到积极作用。在生产经营对修心的作用方面（见表 2–8），88.5% 的被调查者认为生产经营的良性发展会增强修己安人的信心，93.6% 的员工认为生产经营的秩序能够促进心灵秩序的生成。由此可见，修心与生产经营相互促进的观点得到广泛认同，内心修养与企业生产之间存在着良性的双向循环关系，内心修养能够促进生产力的提升，与此同时，生产过程中积累的经验和成果也能促进内心修养的进一步提升，从而实现企业生产力的持续提升。这意味着企业不仅要关注技术和物质条件，也要通过心理建设提升员工的内在素质，培育健康的企业文化和营造良好的工作环境。总的来说，现代企业经营不仅仅依赖技术和物质层面的硬实力，个人的内心修养和心灵秩序对企业整体的发展也起到了不可忽视的推动作用。提升员工内心修养，有助于企业在竞争中获得更高效的执行力和创新力，从而带来更好的经济效益和社会效益。

表 2-7 修心对生产经营的作用

作用内容	人数 / 人	比例 / %
内因决定外因，心灵秩序决定着生产经营的秩序	690	88.5
根据马克思政治经济学，心的能量与修养是由生产力决定的	440	56.4
内心的修养，会在干事创业上形成不同的生产经营理念、方法	680	87.2
修心会造成生产经营的虚无化	0	0
修心会占用生产经营的时间	0	0
有效填写	780	100

注：数据来自调查问卷的统计结果。

表 2-8　生产经营对修心的作用

作用内容	人数 / 人	比例 / %
生产经营的良性发展，会增强修己安人的信心	690	88.5
生产经营的秩序能够促进心灵秩序的生成	730	93.6
生产经营会占用修心的时间	30	3.6
生产经营会导致心灵的逐利意识增强	40	5.1
生产经营会形成更大的企业员工修心共同体	390	50.0
有效填写	780	100

注：数据来自调查问卷的统计结果。

最后，在当前经济形势下，福耀集团中参与问卷调查的 46.15%（见图 2–7）的员工认为越是面临艰难险阻，越要体恤民生疾苦，慈善事业不能停。尽管面临困难，福耀集团的员工依然认为企业应该继续承担社会责任，特别是在慈善事业上。“不管经济形势怎么样，都要无私地服务社会，做慈善事业”则得到了 21.79% 的支持，这显示出一部分受访者坚持认为无论经济形势如何，企业都应保持无私的慈善行为，反映了员工强烈的社会责任感和道德使命感。而“现在经济压力大，做慈善事业要量入为出”这一题项也获得了 21.80% 的支持，说明一些员工认为企业在进行慈善活动时需要考虑当前经济形势的压力，应根据自身财务状况合理安排捐赠的规模和形式。此外，10.26% 的员工认为虽然有很多现实难题，但只要企业盈利增长，慈善捐赠就要增长，这反映了一种与企业财务状况挂钩的慈善发展观。综上，没有被调查者支持企业完全停止或减少慈善投入，这表明社会责任和慈善事业在大多数员工心中仍然具有重要地位。

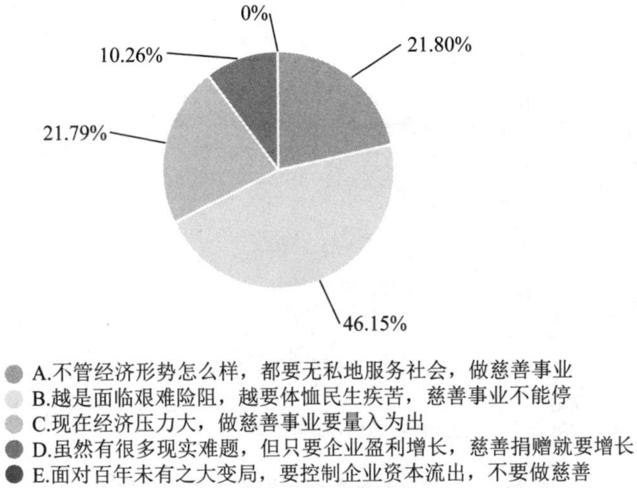

图 2-7 员工如何看待企业服务社会慈善事业

从图 2–8 可以看出，87.18% 的员工认为福耀集团的发展愿景非常好，并对此充满信心，这反映出大部分被调查者对企业的战略方向和执行力持积极看法。但也有 10.26% 的员工认为企业发展愿景很好，虽然没有达到非常好的程度，但仍然对企业的未来充满信心，认为企业有潜力在未来做得更好。可以明显看出，大部分被调查者对福耀集团的未来充满信心，认为企业发展前景非常好或至少很好。即使存在一定的困难，绝大多数人认为这些困难不会妨碍企业的发展大局。总体来说，被调查者对福耀集团的未来发展和慈善事业持积极态度，这反映了企业内部对公司领导和战略方向的信任，以及对履行社会责任的认可。在当前复杂的经济环境中，企业不仅要注重自身发展，还要保持对社会的贡献，以实现长期的可持续发展。

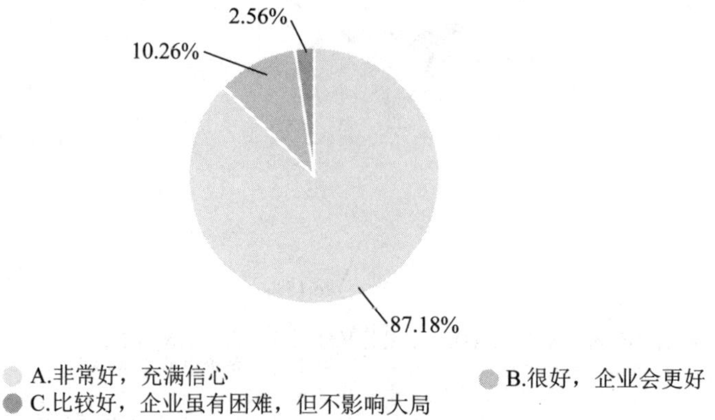

图 2-8　员工对福耀集团发展愿景的认同程度

3. 常怀利他之心：心灵秩序与发展秩序吻合

在企业生产经营过程中，修利他之心面临来自各方面的阻力，参与问卷调查的员工普遍认为有多重因素影响利他之心的形成。首先，利己之心的干扰就是最主要的阻力因素，57.69%（见图 2-9）的被调查者认为个人的自我利益和个人主义会干扰利他之心的形成。其次，73.08%的员工认为社会的“内卷”和竞争也是阻力之一，这反映出在高度竞争的社会环境下，企业和个人更关注自身的生存和发展，修利他之心的行为在很大程度上具有理想主义色彩。此外，分别有 47.44% 和 50% 的员工认为人与人之间的陌生感和经济压力也是较为显著的阻力因素，这表明在现代社会中，人与人之间缺乏信任和理解，且经济压力大，导致企业很难具备足够的资源支持修利他之心。从本次问卷调查数据来看，现代企业生产经营中的利他之心确实受到较大的制约，这些阻力反映了社会的功利化趋势和竞争压力。然而，阻力的存在并不意味着利他之心不可能在企业中得以践行，反而表明企业和个体在追求利益的同时，需要克服这些挑战，促进心灵秩序与发展秩序相吻合。

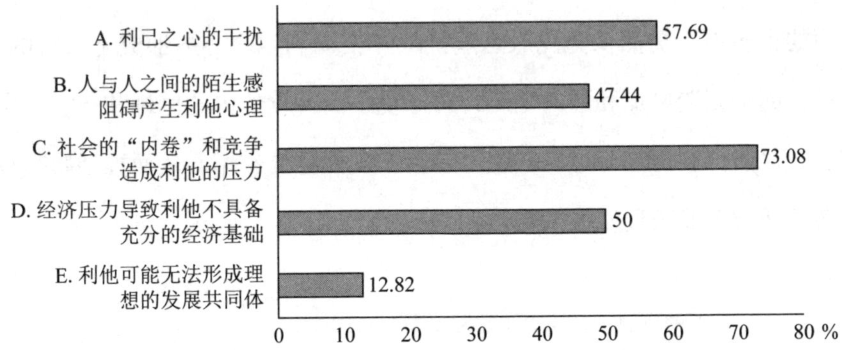

图 2-9　在生产经营中修利他之心的阻力

关于如何修炼利他之心（见图 2-10），福耀集团的员工普遍认为首先要从内心深处培养持续的利他精神。78.21% 的被调查者选择了“常怀利他之心，不断推进心灵秩序与发展秩序的吻合”，这表明个人修养的提升是利他之心得以持续发展的基础。其次要明确发展方向、找准合作伙伴、秉承利他理念（60.26%）；在修利他之心的过程中要做到“穷则独善其身，达则兼济天下”（46.15%），显示出福耀集团员工认为建立清晰的目标和理性的人际关系，有利于修利他之心。

39.74% 的被调查者认为在修利他之心的过程中，需要做好经济预算，务实与理性兼顾，以确保利他行为在经济可行的前提下进行。此外，部分人认为利他之心应该有度，以真诚对待好人，以正直对待恶人（29.49%），这一观点强调了在利他行为中要保持边界和原则。由此可见，现代企业和个体在修炼利他之心时面临的主要阻力来自利己之心、社会竞争压力、经济压力以及人与人之间的陌生感。尽管如此，福耀集团的很多员工仍然认为克服这些挑战并推动利他之心的形成是可行的，且有助于创造更加和谐的生产经营环境。而持续的内心修炼和务实的实践，也使得利他之心可以在生产经营中发挥重要作用，从而推动履行社会责任与企业长远发展的融合。

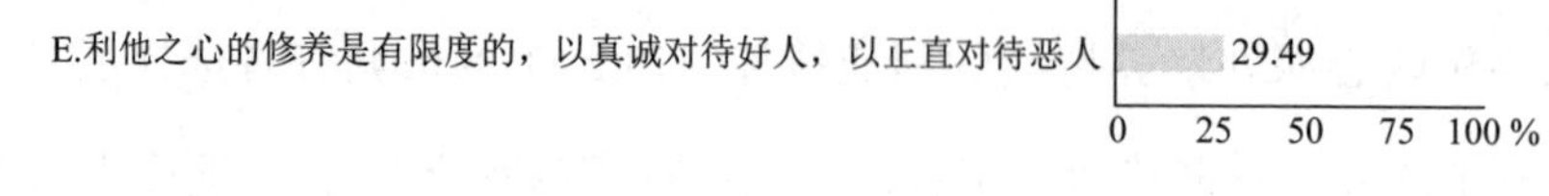

图 2-10　如何修利他之心

第三节 福耀集团相关责任人的结构化访谈

为深入了解福耀集团不同层级的员工对"菩提心"概念的认知水平，探讨修心在企业生产过程中的作用及其影响效应，并针对修心在生产实践中所面临的挑战进行深入分析，本次研究以问题为导向，通过结构化访谈的方式，旨在为公司发展提供切实有效的高质量发展策略，构建一个既融合专业技术又蕴含家国情怀的企业文化体系，以促进新时代民营企业实现高质量、内涵式发展。

本研究的结构化访谈提纲主要涵盖福耀集团不同层级员工对"菩提心"概念的理解、个人与企业修心实践的具体内容、修心在生产活动中的功能以及所遭遇的挑战。研究对象为福耀集团内不同层级的员工，他们在各自的岗位上扮演着关键角色，是集团各部门的中坚力量。由于访谈调查问题的灵活性与差异性，且不同部门之间存在差异，具体访谈对象涉及体系流程部、人才发展部、管理学院、福清浮法公司以及福清万达销售部门的员工（见表 2-9）。收集他们对"菩提心"这一概念的理解以及对修心与生产关系的认知，从中提取有效信息。

表 2-9 受访单位人员信息

序号	部门	所在城市	受访对象
1	体系流程部	福州	员工 A
2	人才发展部	福州	员工 B
3	管理学院	福州	员工 C

续表

序号	部门	所在城市	受访对象
4	福清浮法公司	福州	员工D
5	福清万达销售部	福州	员工E

1.“菩提心”的主要价值导向：利他、遵规、修德、勤劳、创幸

在福耀集团员工的认知中，“菩提心”不仅是一种内心修养，更深层次地体现为一种生活哲学和工作态度。首先，“菩提心”中蕴含着“利他”的精神，这种精神鼓励员工在企业的生产过程中，始终将他人的利益放在心上，努力做到在追求企业利益的同时，也能够考虑到对社会和环境的影响。其次，“菩提心”倡导尊重自然规律，对自然持有敬畏之心，这促使他们在工作中专注于企业的核心业务，同时不忘对环境的保护和对可持续发展的追求。再次，“菩提心”强调通过修养德性来提升个人的能力与品德，这是追求心灵和精神淬炼的重要途径。“菩提心”还体现在勤劳朴实的价值观上，这种价值观鼓励他们吃苦耐劳，真正地认同并融入企业文化。最后，在“菩提心”的引导下，可以创造最大的幸福，促进整个产业的和谐发展。这些理解彰显了曹德旺先生的“菩提心”对员工个人发展及企业文化的深刻影响，也体现了他们对企业社会责任和共同福祉的高度认同，“菩提心”成为推动企业可持续发展的精神动力。

谈到“菩提心”，员工A说：“从2005年加入公司以来，我深刻理解了曹董精神的高度，他致力于国家的强盛、人民的富裕和社会的进

步。这种利他的思想让我对‘菩提心’有了更深入的认识。至少对我个人而言，影响是巨大的。”他还说：“团队成员之间应相互尊重，优先处理对方的事务。当部门间建立了这种团结协作的融洽关系时，团队成员自然会更加尊重彼此的意见。利他主义精神将促使我们优先考虑他人的需求。”他认为，利他思想可以有效解决组织内部的冲突与隔阂。

员工 B 则分享了他对“遵规”这一理念的体会：“在工作中，我始终遵循自然规律和公司规章制度，这不仅让我在工作中更加得心应手，也让我意识到，只有顺应自然和规则，我们才能实现长远的发展。尊重自然规律，意味着我们在追求经济效益的同时，也要注重环境保护和资源的合理利用。”他强调，这种对自然的敬畏和对规则的遵守，是企业可持续发展的基石。

员工 C 则从个人修养的角度出发，讲述了“修德”对他的影响：“我深信个人的品德修养是职业发展的关键。通过不断学习和实践，我努力提升自己的道德标准和专业能力。这种内在的修养让我在面对工作挑战时更加从容不迫，也赢得了同事和客户的尊重。”他认为，个人德行的提升是企业文化的体现，也是企业竞争力的来源。

员工 D 则强调了“勤劳朴实”的价值观：“在福耀集团，我们被鼓励要勤奋工作，不畏艰难，同时保持谦逊和诚实。这种价值观让我在工作中始终保持着积极的态度，即使面对再大的困难，也从不轻言放弃。”他相信，正是这种勤劳朴实的精神，让福耀集团能够不断突破自我，实现持续发展。

最后，员工E分享了“创幸”的理念：“在福耀集团，我们不仅仅是在创造财富，更是在创造幸福。我们努力工作，不仅是为了个人和企业的利益，更是为了社会的和谐与进步。在我们的共同努力下，希望能够为社会创造更多的幸福和价值。”她认为，这种创造幸福的理念，是企业承担社会责任的体现，也是企业与社会共同发展的动力。

2. 内心修养与生产力提升相辅相成，构成良性循环

在访谈“菩提心”对企业生产活动的影响时，员工们普遍认为，内心修养与企业生产之间存在着一种相互促进的循环关系。在福耀集团“菩提心”的引导下，员工对企业文化产生了深刻的认同，进而释放出巨大的潜能，主动参与企业的管理和决策，显著提升了企业的生产效率。同时，员工将对自身岗位的深刻洞察转化为富有成效的创新力，展现出极佳的精神状态和积极的工作态度，实现了个人的成长与提升，这一切主要得益于“菩提心”的感召力。最后，在企业生产过程中，“菩提心”促使员工充分发挥主观能动性，以“老板心态”来完成任务，激励他们在工作中追求创新并提升生产效率。另外，良好的生产环境和企业文化又反过来激励员工进一步修心养性，形成良性循环。这种相辅相成的良性循环不仅促进了员工个人的全面发展，也为企业的长远发展奠定了坚实的基础。

员工A指出：“以往，当员工或其家属得了重大疾病时，我们通常会向管理层汇报情况，以期获得援助。然而，现今我们已将此类援助正式纳入公司制度框架内。据此，若员工或其家属面临重大家庭困难，子

公司可直接提供最高达 35 万元的援助资金。这一制度的建立引人注目。实际上，它反映出公司领导层深受‘菩提心’理念的影响，不仅对我个人产生了积极影响，也对整个团队产生了正面效应。”此外，员工 A 还提到：“制度建设是企业发展的基石，而曹董的智慧则是企业文化的关键构成要素。自 2012 年起，超过 1000 名来自重庆公司的员工提出了 3000 ~ 4000 条合理化建议，积极参与企业管理。这种参与感反映了员工对企业的高度认同，他们愿意主动提出各种改进建议，从而促使企业生产效率显著提升，并有效降低了辞职率和考核指标变更频率等。”

在福耀集团，员工的内在修养与生产力提升之间的正向互动关系不仅反映在制度构建上，也体现在日常工作的细节之中。例如，员工 B 分享了其个人经历：“在我的职业发展历程中，我曾在限定的时间内实现了产量的历史性突破。公司随即向我颁发了荣誉证书，并在公司内部进行通报表扬，同时奖励了一定的活动基金。奖金的数额固然重要，但更为关键的是，作为我们工厂的员工，这本身就是一种荣誉。我突破了以往的限制，不断挑战新的标准。这些都是我们将‘菩提心’这一相对抽象、高深的理念具体化，并落实到日常管理中的体现。”他还说：“3 万名员工的智慧汇聚，将产生巨大的力量，即便是微小的收益，乘以庞大的基数，也能创造出巨大的价值。因此，我们依据制造业的七大浪费标准，将智慧的浪费和管理的浪费纳入我们的第八大浪费范畴。在此基础上，我们探讨如何更好地吸纳员工的主观创新意见，从而提高企业生产效率。”

员工C也提到："公司鼓励员工进行自我提升和终身学习。福耀集团内部所采纳的组织架构为1+5模式，即以班长为核心骨干，辅以5个兼职角色。这些兼职角色不享有全职地位，亦不获得薪酬，他们分别承担安全、质量、成本、设备及生活方面的辅助职责。其职责在于协助班长进行班级管理，确保安全无虞，并致力于成本的节约与高效使用。"他还说："观察我们的企业文化，可以感受到一种朴实的气息。这种朴实体现在每位员工都致力于创造企业价值，不单纯追求利润，而且不断学习和自我提升，追求持续创新。在日常工作中，无论是细微之处还是重大决策，创新和勤劳的精神无处不在。从这个角度来看，从企业的核心理念到我们领导人的坚定信念，再到我们的企业文化，勤劳、朴实、学习、创新这些元素都是一脉相承的，它们贯穿于我们的工作和生活中，这就是我所观察到的。"员工C的见解揭示了福耀集团企业文化的核心价值观。他强调，企业文化的培养并非一蹴而就，而是需要长期的积累和实践。正是这种文化氛围和持续的个人成长，为企业的持续发展注入了源源不断的动力。

中层管理者D指出："中层管理者必须注重细节。在当前的企业管理实践中，高层领导通常负责宏观调控，而基层管理者则需专注于员工培养。员工的主动参与对于企业发展来说至关重要。人才是新战役的主体，是团队的核心力量。人才的聚集不仅仅是形式上的集合，更是以共同的文化和需求作为基础。若团队缺乏凝聚力，我们可能会质疑，究竟应为公司创造多少价值？又应如何推动公司的发展？这些理念看似宏大，但在实际操作中，公司需要为员工提供一个平台，创造条件，以确保员工能够获得经济收入，维持家庭生活，并实现个人成长与提升。”

员工 D 进一步阐述了福耀集团如何通过内部培训和教育来提升员工的内心修养和专业技能。他提到：“我们集团定期举办各类培训活动，涉及技术技能提升、管理能力培养以及心理健康教育等。这些培训不仅帮助员工在专业技术上有所成长，也关注到员工的心理健康和情感需求。通过这些培训，员工能够更好地理解企业文化和价值观，从而在工作中展现出更高的积极性和创造性。”他还强调：“在福耀集团，我们相信员工的个人成长与企业的发展是相辅相成的。因此，我们鼓励员工在工作中不断挑战自我，追求卓越。同时，我们也为员工提供必要的支持和资源，帮助他们克服困难，实现个人目标。”员工 D 的分享揭示了福耀集团如何通过持续的教育和培训，来促进生产力的提升和企业文化的深化。这种以员工为中心的发展策略，不仅增强了员工的归属感和忠诚度，也为企业的长期稳定发展奠定了坚实的基础。

员工 E 从女性中层管理者的视角阐述了她对修心与生产的关系的理解。她指出：“企业秉承的核心理念是‘老板思维’，即要求每位员工在执行任务或管理团队时，应以企业所有者的身份进行思考和行动。这种做法鼓励员工主动思考，激发他们在工作中寻求创新、改进和提升生产效率，而非仅仅被动地、盲目地重复日常工作。”她认为，“‘菩提心’是一种大爱，我们致力于关注整个供应链的每一个环节，构建一个健康、高效的供应链体系。这种态度不仅适用于管理层，也适用于从基层到中层、高层的每一位员工”。她还提出：“员工应思考在自己的职位上，如果拥有老板的身份，会采取何种行动。”可见，“菩提心”意味着创造幸福，这不仅能够提升员工的内在修养，也能够提高企业的生产效率。

3. 修心在企业发展过程中面临的挑战

福耀集团在不确定的市场环境中保持了修心的确定性与生产的合理性，在“心”与“物”的同频交织中，二者的循环为企业应对变局和危机提供了稳定的行动方案。然而，在当前时代背景下，福耀集团在修身养性和生产经营方面遭遇了双重挑战。首先，国际形势的复杂多变导致汇率波动，这在一定程度上对福耀集团的供应链管理造成了影响。其次，当代青年以自我为中心的价值取向日益凸显，这不仅成为福耀集团发展道路上的障碍，也是整个社会亟须正视和解决的问题。

一方面，员工 E 指出：“我们必须重视国际形势的动态变化，特别是汇率波动带来的影响。这些因素在一定程度上会对我们的整个供应链体系产生影响。面对可能出现的波动，我们必须积极寻求相应的应对策略。例如，我们会主动与客户以及下游合作伙伴进行深入探讨，共同寻求更优的解决方案。”员工 E 强调了关注国际形势变化的重要性，并特别强调了汇率波动对供应链体系的影响。汇率波动可能会导致成本增加或利润减少，因此公司需要与客户和合作伙伴紧密协作，共同寻找解决问题的策略。员工 D 谈到了福耀集团的两个发展目标：“一是追求长期发展，目标是成为历史悠久的老店，这是时间上的考量；二是追求成为受世界尊敬的伟大企业。要实现这些目标，必须跨越产业、经济和企业生命周期。在全球经济形势迅速变化的时代背景下，每个企业都要经历‘历史周期率’的考验。”员工 D 对福耀集团未来的发展充满信心，他说：“我相信，在领导的英明指导下，当前面临的挑战定能被有效克服。面对中美贸易摩擦的复杂形势，福耀集团在美国的工厂已经做好充分准备，能够应对关税提升带来的影响。出口业务方面，我们也将适时做出调整。由于我们的海外布局早于制造业的回流趋势，因此目前并未出现任何问题。针对产品价格上涨的问题，我们与客户共同面对，共担风险。”员工 D 的信心源自福耀集团领导层在应对中美贸易摩擦、关税提升、出口业务调整和产品价格上涨方面的充分准备和有效应对策略。

另一方面，福耀集团在修心与生产过程中遭遇的困境之一是：随着社会经济的快速发展，现代年轻人的价值观与世界观发生了深刻变化。他们以自我为中心的价值取向导致他们在加入公司时，可能对企业文化存在一定的不适应，难以迅速融入崭新的工作环境。员工 A 说：“当前年轻一代往往以自我为中心，对吃苦耐劳的价值观接受度较低，这无疑是代际差异的显著体现，同时亦是社会普遍面临的挑战。简而言之，教育体系，尤其是学校教育的初始阶段，可能需要相应的应对策略。”员工 A 强调了教育问题的普遍性和紧迫性，尽管福耀集团内部可能已经找到了有效的解决方案，但解决这一问题需要整个社会教育系统的共同努力。员工 B 对此亦有深刻体会，他指出：“经过与员工的频繁互动，我认识到年轻一代的价值观和世界观正在发生显著的转变。在以往面试的过程中，求职者更关注的问题包括‘该职位的具体职责是什么’以及‘在贵公司我将如何实现个人发展’，他们倾向于探讨企业与自身专业的契合度及相关事宜。然而，在当前的招聘过程中，求职者的关注点已经发生转变，例如询问‘是否需要加班’‘是否需要出差’‘是否提供食宿’以及‘每日工作时长是多少’等。可以观察到，他们的关注焦点与以往相比有显著差异。当然，企业有责任为员工提供必要的保障措施。然而，当求职者过分强调这些条件时，其加入企业的动机可能已与传统观念有所不同。”从员工 A 和 B 的视角审视，福耀集团在企业生产过程中所面临的重大挑战之一，是 90 后、00 后群体的价值观念与企业文化尚未实现有效融合，这一现象对提高员工的生产效率产生了不利影响，进而对“修心与生产并重”的企业治理理念造成了障碍。

4. 坚持“利他之心”在企业治理和社会责任中的体现

福耀集团深刻理解并践行“利他之心”理念。所谓“利他之心”，指的是企业在追求自身发展和利益的同时，兼顾员工、消费者、社会及环境的多重利益。福耀集团通过对这一理念的具体实践，证明了企业可以在追求经济效益的同时平衡各方利益，推动履行社会责任，并为可持续发展奠定坚实基础。

（1）员工 A 认为，坚持“利他之心”重在强化员工保障。“利他之心”的核心要义之一，就是关爱员工，增加员工的福利。福耀集团深知，企业的持续健康发展离不开员工的积极贡献和努力。因此，福耀集团始终把员工的利益放在重要位置，在薪酬福利、职业发展和员工关怀等方面做了大量投入。

首先，福耀集团通过完善的薪酬体系有效保障了员工的基本经济利益。在遵循国家及地区薪酬标准的基础上，集团结合市场需求和员工的实际贡献，实行差异化薪酬激励机制。尤其是在鼓励一线员工提供可行的改进建议的机制下，公司高层领导能更全面、精准地了解基层的实际情况，并据此进行有针对性的改进。这种机制促进了企业生产、发展和安全管理的优化，也有助于及时识别潜在的风险和隐患。在这一系列举措的实施下，福耀集团大幅提升了员工的工作积极性与忠诚度。

其次，福耀集团注重员工的职业发展和技能提升。集团为员工提供了广泛的培训机会，通过专业技能培训、职业生涯规划等方式，帮助员工提升自身能力和职业素养，从而增强员工的职业竞争力和发展潜力。福耀集团持续加大培训投入，提升了员工的整体素质，也在员工心中树立了企业关心与支持员工发展的形象。

最后，福耀集团建立了完善的员工关怀机制，全面保障了员工的生活与健康需求。在福利方面，公司为员工提供丰富的社会保障和医疗保险，保障基本生活。同时，集团通过“尾牙宴”等活动，增强员工的归属感。此外，集团还关心员工的家庭生活，推出多种家庭关怀活动，进一步提升员工的忠诚度与对企业的认同感。

（2）员工 B 认为，坚持“利他之心”重在深化社会责任。在“利他之心”理念的指导下，福耀集团积极履行社会责任，推动地方经济和社会公益事业不断发展。集团多方面的努力，体现了企业强烈的社会责任感，有助于实现经济效益与社会效益的双赢。

首先，福耀集团在地方经济发展方面发挥了积极作用。福耀集团在多个地区设立了生产基地和研发中心，为当地提供了大量的就业机会，并进行员工培训和技术传授，帮助当地提升了整体的劳动技能水平。这提高了当地的经济活力，为社会的和谐发展做出了贡献。

其次，福耀集团注重环保和绿色制造，推动可持续发展。作为制造业龙头企业，福耀集团始终坚持绿色制造理念，采用先进的环保技术和设备，最大限度地减少生产过程中的能源消耗和污染排放。还积极探索能源利用的优化路径，推进实施节能减排项目，力求在生产过程中减少对环境的负面影响。通过这些努力，福耀集团提升了自身的生产效能，为全球环保事业做出了贡献。

最后，福耀集团在社会公益方面也投入了大量资源。福耀集团始终秉持“取之于社会，用之于社会”的企业理念，积极参与各类社会公益活动。例如，集团定期开展公益捐助、教育支持、灾后援助等活动，帮助解决社会中的一些紧迫问题。特别是在自然灾害发生后，福耀集团迅速组织捐款捐物，为灾区提供及时的援助，展现了企业强烈的社会责任感和使命担当。

（3）员工 C 认为，坚持“利他之心”重在优化利益协调机制。在“利他之心”理念的指导下，福耀集团采用合理的治理机制确保企业利益与社会责任的平衡。在追求经济效益的过程中，通过高效的治理机制确保股东利益、消费者利益和社会责任的共赢。

首先，福耀集团通过建立健全的治理机制，确保公司决策的科学性和公正性。福耀集团设立了包括董事会、监事会及管理层在内的多个决策机构，经过充分的民主讨论和专业化的决策程序，确保企业的决策符合全体股东和社会的最大利益。特别是在重大决策的执行过程中，福耀集团注重利益各方的沟通与协调，避免企业行为单一偏向某一方的利益，从而在保持良好的企业发展态势的同时，平衡了股东和社会的利益。

其次，福耀集团通过关注消费者利益来实现企业与社会的双赢。福耀集团注重产品质量与安全，严格遵循行业标准和法律法规，确保消费者在享受高品质产品的同时，也能够放心使用。在售后服务方面，福耀集团建立了完善的客户服务体系，确保消费者的权益得到充分保障，并定期回访和调查，不断提升产品和服务质量，以提高客户满意度和忠诚度。

最后，福耀集团通过高效的风险管理和资源配置，确保企业的长期可持续发展。福耀集团拥有健全的内部控制体系、财务风险评估机制和市场调研制度，能及时发现潜在的风险，并采取相应的防控措施，避免因追求短期利益而导致的长远问题。福耀集团在战略规划中不仅注重短期经济效益的提升，更注重长远可持续发展目标的实现，这种战略眼光确保了企业在追求社会效益的同时，也能保持稳健的经济增长。

福耀集团坚守“利他之心”理念，成功将企业治理和社会责任有机结合，展示了企业在追求经济效益的同时，如何通过综合多方面的努力实现社会效益的提升。福耀集团通过关爱员工、推动地方经济发展、践行绿色制造和参与社会公益等多维度的举措，彰显了其作为全球领先企业的社会责任担当。企业在追求自身利益的同时，必须将“利他之心”转化为实际行动，推动社会责任的履行，从而实现企业的可持续发展和长远目标。在未来的发展道路上，福耀集团将继续坚持这一理念，以更加务实的态度和创新的举措，为全球经济和社会发展贡献力量。

（4）员工 D 认为，坚持“利他之心”重在培育高素质的企业团队。福耀集团在长期的企业经营过程中，深刻认识到企业文化是塑造企业形象、增强企业竞争力的重要因素。在此过程中，修心作为企业文化的重要理念，不仅仅局限于员工个人的修养提升，更是作为一股集体力量推动了福耀集团企业文化建设的全面深化。福耀集团通过倡导修心理念，逐步培育出高素质、充满活力的企业团队。在这一过程中，福耀集团特别注重员工的心智建设，将个人的精神修养与团队的文化理念紧密结合。在建立和执行内外部修心机制的过程中，福耀集团激励员工不断提升道德素养、思想觉悟和心理素质。

其一，福耀集团鼓励员工追求内心的平和与坚韧。福耀集团不仅在管理层面制定了明确的工作目标和执行标准，还通过培训、座谈等形式，定期举办心理素质培养和心态调节的活动。通过参与这些活动，员工能够提升自身的情绪调节能力，还能增强面对压力和困难的应变能力，从而提升团队整体的协作效率和战斗力。

其二，福耀集团注重员工的思想建设，通过定期开展学习和文化活动，推动员工从思想和心灵上与企业文化达成高度契合。这些文化活动不仅帮助员工提升了自我认知，还增强了团队凝聚力与集体责任感。以修心为方法引领，福耀集团不断营造一种以“心”为本的工作环境，使员工在精神上获得更多的满足感与成就感，进而推动整体工作效率的提升。

修心理念的逐步推广，让福耀集团逐渐建立起一种“以人为本”的企业文化，让员工在工作中获得成长，在个人修养上得到提升，形成了更加健康、积极、向上的团队氛围。

（5）员工 E 认为坚持“利他之心”重在推动企业文化深入人心。福耀集团在贯彻修心理念的同时，积极树立企业的核心价值观，并将其落实到企业运营的每一个环节。修心作为一种塑造和提升企业文化的有效途径，助力福耀集团进行系统化的文化建设，进而将修心理念落实到实际工作中，推动企业文化深入员工之心。

首先，福耀集团通过一系列文化活动与教育项目，明确传达了企业的核心价值观，确保每一位员工在日常工作中都能够体会到这些价值观的重要性。比如，定期的团队建设活动，鼓励员工在工作中锻炼协作精神和团队意识，提升组织的整体凝聚力。同时，集团通过企业内部的价值观培训和文化讲座，不断增强员工对修心理念的认同，推动员工自觉将这一理念落实到日常行为、决策和工作中。

其次，福耀集团在企业的决策和管理中，注重贯彻修心的管理哲学。集团的高层领导和管理者关注决策过程中的人文关怀和员工心理需求。公司建立了关爱员工的管理机制，形成了“家庭式”的企业内部关怀体系，让每一位员工都能感受到企业的温暖与支持，从而在工作中更加专注和投入。这种文化氛围增强了员工的归属感，推动公司内部形成创新氛围，形成以“心”为重点的企业文化氛围。

最后，福耀集团通过外部的社会责任实践，进一步展示了企业文化的外延与深度。在践行社会责任时，福耀集团注重结合企业文化的理念，推动企业文化的社会化传播。福耀集团参与环保、扶贫、教育等公益活动，增强了企业文化的社会认同感和影响力。通过这种修心理念的外延化，福耀集团在社会公众中树立了良好的企业形象。

（6）在企业文化建设过程中，福耀集团不仅关注传统修心理念的传承，还在文化创新方面积极探索，推动企业在现代化管理体系下蓬勃发展。在此过程中，福耀集团逐步形成了独具特色的文化驱动机制，为企业的创新发展注入了强大动力。

首先，福耀集团致力于将修心理念与创新文化相融合。面对日益激烈的市场竞争，福耀集团从技术创新、管理创新等多个维度不断推进企业升级。员工的创新精神与开放心态是这一切得以实现的关键。福耀集团通过修心理念培养员工的创新思维，激励他们在思想和行动上寻求突破，打破常规的思维与行为模式，推动企业在产品与管理模式上持续创新。

其次，福耀集团注重文化驱动下的技术创新与战略实施。在技术研发过程中，福耀集团倡导以人为本的创新文化，强调团队合作与知识共享。在这种文化的引领下，福耀集团吸引了大量高素质的研发人才，推动先进技术与新产品不断涌现。福耀集团在智能制造与绿色环保技术方面的突破，正是在这一文化氛围中取得的成果。结合修心理念与创新文化，福耀集团为全球市场提供了更高品质、更具创新力的产品。

在福耀集团的管理理念中，员工的心理健康与幸福感是企业文化的核心组成部分。秉承修心理念，福耀集团致力于营造一种既关注员工个人修养，又关心员工幸福感的企业文化。这种企业文化的塑造，不仅促进了员工的身心健康，也为企业的长期发展奠定了坚实的基础。

福耀集团秉持修心理念，积极优化企业经营环境，关注员工在工作与生活中的平衡，并提供一系列关怀与支持举措，如健康检查、心理疏导、团建活动等，帮助员工释放压力、调整心态，从而提升他们的工作效能与生活满意度。借此，福耀集团成功营造了健康、积极、富有创造力的工作氛围，为打造“幸福企业”打下了坚实的基础。通过关注员工身心健康，福耀集团在企业文化中融入了一种和谐、平衡的价值观念。这种文化让员工在工作中感受到温暖与尊重，也提高了员工的忠诚度与社会的认可度。

福耀集团深刻践行修心理念，将其有机融入企业治理与文化建设的各个方面，展示了独特的管理智慧与社会责任担当。在推动企业持续发展的过程中，福耀集团始终秉持“敬天爱人，止于至善”和“利他”的核心价值观，全面提升了企业治理水平、社会影响力与员工福祉。通过制度创新、精益求精的工作态度与社会责任的履行，福耀集团实现了可持续发展，并竭力推动社会和谐进步。此外，福耀集团注重培养员工的心理素质与价值观，塑造了一支高素质、富有创新精神的团队，进一步提升了企业的核心竞争力。未来，福耀集团将继续以修心作为驱动力，推动企业治理、文化创新与履行社会责任的深度融合，致力于在全球化竞争中保持领先地位，为增加更广泛的社会福祉贡献力量。

第三章

“心”之修习：企业不同发展境遇中的心灵秩序

在当今竞争激烈、变幻莫测的商业环境中，企业的成长与成功不仅仰仗于外部市场的机遇与挑战，更依赖于企业家内心世界的塑造与引领。从宏观层面看，现代企业在不同发展境遇中所秉持的“心”往往反映出企业家独特的心灵秩序与精神内涵。在现代企业管理实践中，中国管理哲学所强调的“心”之修习，不仅是个人情感与思想修炼的关键，更是提高企业决策能力、领导力以及塑造企业文化的深层次的内在驱动力。现代企业家在不同发展境遇中所展现出的具有标识性的心灵秩序和行为模式，为企业应对复杂变化提供了心理与智慧支持，更是推动企业持续健康发展的内在动力源泉。

第一节 企业发展逆境与企业家的“反求诸己”

在企业发展的逆境中，企业家的“反求诸己”不仅是其进行自我反思和内心探索的过程，更是企业家重新定位企业发展路径的关键所在。福耀集团作为全球领先的汽车玻璃制造商，能够在复杂的商业环境中不断克服困难并实现企业的成功转型和持续发展，离不开企业家曹德旺先生“反求诸己”精神的指引。事实上，许多成功的企业家往往采取“反求诸己”的方式，在自我反思与内心探索的过程中，寻找破解企业发展困境的妙招。

一、企业发展逆境中的挑战

在当今竞争激烈且变化无常的商业环境中，企业往往面临着来自市场、技术、政策以及外部经济环境等多方面的挑战。企业在发展逆境中面临的挑战常常具有不确定性，在这种情境下，企业家能否通过“反求诸己”的方式保持内心冷静和理性，决定了企业能否顺利走出困境、度过危机并实现成功转型。在企业发展逆境中，企业面临的第一个挑战往往是内部资源短缺或资源配置不当。因此，企业家首先需要识别企业内部的短板，明确哪些资源是支撑企业生存和发展的核心，哪些资源是当前企业面临的瓶颈。有效地评估和优化企业内部资源配置，是企业在发展困境中保持成长的关键。福耀集团在初期的发展逆境中，不可避免地遇到了技术落后、生产效率低等一系列问题。曹德旺先生并没有仅仅将矛盾归结为外部的市场压力，而是深入反思企业自身的管理和生产环节，及时发现了企业在技术研发和生产流程上的不足，大力推进企业结构调整和产业升级，提高企业核心竞争力，形成了参与经济全球化竞争的新优势。从资源利用角度来看，在逆境中，企业家必须根据市场的变化及时优化资源配置，提升企业核心竞争力，进一步增强企业应对外部挑战的能力。

在全球经济一体化的浪潮中，企业的海外扩张之路总是伴随着未知与挑战。在这种环境下，企业家需要通过“反求诸己”的方式保持内心的冷静和理性，成功应对企业国际化过程中遇到的多重障碍，有效引导企业走出困境。福耀集团在打入海外市场的过程中遇到了文化差异、政策法规、市场竞争等多重障碍。在拓展美国市场的过程中，福耀集团需处理中国与美国工会文化的差异，同时还要应对美国本地员工的工作习惯及法律规定与中国的显著差异等一系列挑战。在这一过程中，福耀集团没有单纯依赖国内的企业管理模式，而是自我反思与调整，理解和适应当地文化，逐步建立了适应美国市场的本地化生产和管理策略。这种本地化的企业生产和管理模式不仅有助于企业避免因文化冲突带来的管理风险，还可以有力推动企业在不同文化环境中持续健康发展。这一过程不仅展示了福耀集团在海外扩张中的自我调适能力，也体现了企业家在面对全球市场时“反求诸己”，通过不断自我反思和调整提高企业发展战略的灵活性与创新性。现代企业的海外扩张之路往往伴随着各国对外资企业的各种政策限制，尤其是在环保法规日益严格的今天，福耀集团在美国建设玻璃工厂时不仅严格遵守当地环保政策规定，还积极推进绿色生产和智能制造，确保生产流程符合当地的要求。福耀集团合规与创新并重的做法充分展现了其高度的社会责任感，提升了其国际声誉，使企业能够在外界政策压力下持续健康发展。

二、企业家的“反求诸己”精神

在儒家经典中，“反求诸己”这一理念是处理自己与他人之间关系的核心精神。孟子说：“仁者如射，射者正己而后发。发而不中，不怨胜己者，反求诸己而已矣。”同样的道理，孔子也不断地强调“躬自厚而薄责于人，则远怨矣”。中国文化作为“内向超越”的文化，其“反求诸己”的基本精神就是“反思”精神，强调个体在面对外界挑战时，应该首先反思自身的问题，而不是将责任完全归咎于外界因素。在企业发展的逆境中，企业家的“反求诸己”精神尤为重要。它不仅能够帮助企业家反思自己的决策和行为，推动他们更深层次地审视企业资源、重新规划发展战略，而且能够帮助企业家发现企业发展过程中潜在的问题，积极寻找解决方案，从而为企业的发展注入更多的动力和活力，实现企业的复苏与发展。

“企业家的素质与修养直接关系企业兴衰成败。”[1]在面对市场的激烈竞争、技术的迅速变革和外部环境的不确定性时，企业家不仅需要具备识别和解决问题的能力，还需要具备在危机中调整战略、创新突破的勇气与智慧。企业家在发展逆境中应对挑战的能力很大程度上取决于其心理韧性与“心”之修习。如何使企业摆脱逆境，实现复苏？更好地发挥企业家“反求诸己”的精神已成为刻不容缓、亟待解决的一个重大现实问题。

[1] 王忠禹．勇担重任在逆境中实现企业新发展［J］．企业管理，2009（6）：4–6.

在企业发展的逆境中，企业家面临的不仅仅是激烈的市场竞争，还有外界对企业家自身素质与能力的考验。企业家在“反求诸己”理念下实现自我超越，不仅有助于自身的成长，更是企业家引领企业发展的关键。在福耀集团走向国际化的过程中，面对国外市场的激烈竞争和文化差异，曹德旺先生并没有简单地将挑战归结为外部环境问题，而是对企业自身的战略定位和管理体系进行自我审视，深刻认识到了国内管理经验在跨国经营中的局限性。因此，福耀集团在进军美国市场时，积极推进智能制造和绿色环保技术，提升产品的附加值与市场竞争力，及时调整企业发展策略，最终在逆境中打开了国际市场的新局面，充分展现了“反求诸己”精神的强大力量。尤其是在新冠疫情突袭及全球经济不确定性加大的背景下，企业家的“内省”精神成为福耀集团应对挑战、实现持续发展的重要动力。福耀集团在逆境中始终加强对自身供应链的管理和内部资源的优化配置，顺利度过了发展危机，保持了较为稳定的企业发展态势。

三、逆境中的成功转型与持续发展

企业的成功转型与持续发展不仅需要企业在技术、管理上的革新，更依赖于企业家的战略眼光、决策能力、创新管理以及心理素质。福耀集团能够在复杂的商业环境中不断克服困难，实现成功转型和持续发展，离不开企业家曹德旺先生“反求诸己”精神的指导。福耀集团在企业家“反求诸己”精神的指导下成功应对复杂商业环境的实践，为其他企业在逆境中转型和发展提供了宝贵经验。

在福耀集团发展的各个阶段，曹德旺先生始终注重“心”之修习，这种“心”之修习对于企业在复杂商业环境中保持稳定和发展具有至关重要的作用。尤其是在企业发展遭遇逆境时，曹德旺先生在“反求诸己”的自我修炼中，保持积极心态，进行深刻的自我反省和调整，为福耀集团的长期稳定和发展奠定了基础。首先，在企业发展逆境中，企业家保持积极的心态是做出理智决策的前提。企业家的情绪和态度对企业的整体氛围和员工士气有显著影响。企业家积极的心态能够提高其应对挑战的能力，使他们在压力下保持冷静，制定出理智的发展策略。在福耀集团走向国际化的过程中，面对跨文化管理的挑战、复杂的市场竞争和不断变化的政策环境，曹德旺先生没有陷入焦虑和不安的情绪中，而是在“反求诸己”理念的引领下正向思考，不断调整自己的心态和应对方式，以冷静、理智的心态进行全局性思考，为福耀集团找到突破困境的方向。

积极心态是“心”之修习的开始，而深入的自我反省和行为修正则是“反求诸己”在企业管理实践中的应用。自我反省是一个探求个人决策和行为盲点的过程，能够帮助企业家更好地认识自身的不足，并在必要时进行及时调整。曹德旺先生在面对企业内部的管理问题和外部的市场波动时，始终通过自我反省寻找原因，而不是将问题归咎于外部环境，这充分彰显了“反求诸己”的“心”之修习在企业管理实践中的积极作用。“心”之修习最终还体现在企业家的心理韧性上，这是企业在动荡环境中实现持续发展的关键。企业家在面对市场低谷、政策变化或外部突发事件时，往往需要有较强的心理韧性和应变能力。曹德旺先生在多次经历经济波动和市场风险时，始终保持冷静、审慎的态度，反思并调整自己，同时积极进行内部资源的调配和战略调整，从而带领企业在逆境中稳步前行。

第二节　企业发展顺境与企业家的心性修养

宏观经济稳定运行、国家政策扶持、市场需求增长、技术创新等因素的共同作用，形成了现代企业发展的顺境，也为企业发展带来了更多的机遇和挑战。企业家在企业发展的顺境中扮演至关重要的角色。在顺境中，企业家要持续修养心性，不断保持内心的平衡与理性，以应对外部环境带来的诱惑与挑战。在企业发展顺境中，各项有利条件的加持和企业家的正确引导，可以使企业的长期竞争力得到培育和巩固，确保企业在顺境过后仍具备抗风险能力，支持企业的持续发展。

一、企业发展顺境中的机遇和挑战

在企业发展顺境中，包括市场需求、行业发展趋势、政策支持等因素在内的各种有利条件都为企业的成长和发展提供了充足的资源和机会。福耀集团作为中国领先的汽车玻璃制造商，企业发展顺境中的外部驱动力促进了其国际市场的扩张。在这种环境下，企业家要有效地利用外部环境中的有利条件推动企业的可持续发展，依赖于其内在的心性修养。

市场需求是企业在发展顺境中获得的有利条件之一。汽车行业的蓬勃发展为福耀集团提供了巨大的市场空间。随着全球汽车产业的增长，尤其是中国汽车市场的扩大，消费者对汽车质量和安全性的要求不断提升，扩大了市场对高质量汽车玻璃的需求。市场需求的扩大使福耀集团能够在国内外市场占据一席之地。曹德旺先生在这一过程中看到了汽车产业的巨大增长潜力，紧跟汽车玻璃行业的市场发展趋势。随着全球绿色环保政策的推行，汽车行业向智能化、轻量化、环保化转型，福耀集团在材料选择和生产工艺上进行创新，研发出符合环保标准的汽车玻璃产品，满足了新的市场需求。福耀集团在企业发展顺境中实现了业务的多元化和技术领先，这种灵活应变和前瞻性的战略布局无疑为其长期发展奠定了基础。

在企业发展顺境中，政府的政策支持对于企业的成长至关重要。福耀集团受益于中国政府对高新技术制造业的扶持政策，特别是在新能源和智能制造等领域的激励政策。国家的税收减免、财政补贴、出口退税等措施，大幅降低了福耀集团的运营成本，增强了其市场竞争力。在政府政策的推动下，福耀集团不仅在国内市场取得了领先地位，还成功地拓展了全球市场，尤其是在欧美市场的拓展中，政府的政策支持为其国际化布局提供了必要的外部条件。

福耀集团之所以能在顺境中迅速发展，离不开外部环境方面的优势——市场需求的不断增长、行业发展趋势的积极变化以及政府政策的有力推动。这些外部动力为企业成长提供了充足的资源和广阔的机会。企业家在企业发展顺境中巧妙利用上述外部资源，是推动企业可持续发展的关键因素。福耀集团的成功离不开外部环境的优势，更离不开曹德旺先生自身的心性修养。企业家的心性修养与企业发展顺境中的外部环境因素相结合，成为福耀集团在全球市场上稳步扩展的核心动力。

二、企业家心性修养对企业发展顺境的引导

企业家自身的心性修养在企业发展顺境中扮演着至关重要的角色。作为企业家，曹德旺先生在企业发展顺境中展现出的冷静、耐心与远见，深刻影响了福耀集团的长期战略决策。具有高洁心性和成熟心态的企业家，能够在顺境中更加理性地驾驭外部机遇，避免盲目扩张或短视决策，从而推动企业持续稳健发展。

在市场繁荣或政策利好的发展顺境中，很多企业往往容易因一时的成功而盲目自满。此时，企业家如果缺乏心性修养，不能保持理性与冷静，很可能会做出过度扩张、冒险投资等风险性决策，最终使得企业陷入资源过度配置、管理失控，甚至战略错位的困境。作为福耀集团的创始人，曹德旺先生在企业的发展顺境中展现了自身极高的心性修养，他冷静审视当前的市场环境和企业自身的优势与短板，避免了因追求短期的成功而做出不当决策。当福耀集团在国内市场取得初步成功后，曹德旺先生并没有急于在国际市场上进行过度扩张，而是精心制定市场

调研、资源整合与逐步扩张等策略，稳步推动福耀集团向国际市场拓展。战略眼光和前瞻性思维是企业家心性修养中的另一个重要方面。在企业发展顺境中，虽然企业具有较为丰厚的资源和较多的机会，但过度依赖当前的成功可能会导致企业错失未来的潜力。这就需要企业家具备长远的战略眼光，及时预见市场的变化，积极进行技术创新、市场布局和人才培养等方面的投入，确保企业在顺境之后仍能稳步发展并保持竞争力。福耀集团的成功，离不开曹德旺先生长期以来的战略眼光和前瞻性思维。虽然福耀集团在进入汽车玻璃行业之初并未成为全球瞩目的焦点，但曹德旺先生凭借敏锐的市场洞察力和远见卓识，发现了汽车玻璃行业的巨大潜力，并通过不断的技术创新和产能扩大，逐步在国内外市场站稳脚跟。曹德旺先生高瞻远瞩的战略决策，不仅引导福耀集团及时抓住发展顺境带来的机遇，更为企业的长期成功铺设了坚实的基础。

企业家心性修养的另一个关键因素是坚韧与自律。顺境虽然给企业带来了丰厚的回报，但也容易让企业和企业家产生浮躁情绪，热衷于追求短期的经济效益，而忽视企业的可持续发展。福耀集团在发展顺境中业绩蒸蒸日上，但曹德旺先生始终保持着踏实、务实的态度。面对企业内部管理、技术研发以及市场竞争等方面的挑战时，他不仅注重战略制定，更重视企业管理体系建设和人才培养。他从不因在顺境中获得的成功而自满，而是始终保持对企业内外部环境的清醒认识，并以坚韧不拔的毅力和高度的自律，确保福耀集团在市场上稳步推进，避免过于冒进或浮躁的行为。正是曹德旺先生坚韧与自律的精神，使福耀集团在全球扩展过程中，不仅能够有效整合资源，还能够克服外部挑战，实现长期可持续发展。

企业家的心性修养与顺境中的外部环境相结合，形成了福耀集团在全球市场上稳步扩张的核心动力。曹德旺先生的心性修养使福耀集团能够在顺境中实现快速扩展，并将企业引向了正确的道路，确保企业在行业竞争中始终保持领先地位。这充分证明企业家的心性修养不仅是其领导力的体现，更是企业实现长期稳定发展的核心要素。

三、促进企业持续发展的心性修养之道

企业家的心性修养之道能够确保企业在顺境中快速发展，而不至于成为追求短期利润的牺牲品。企业家的心性修养，即其内在的思想品质、道德修养与情感管理能力，能够直接影响企业的决策、文化氛围及其应对挑战的能力。福耀集团创始人曹德旺先生的心性修养不仅塑造了个人的领导力，而且深刻影响了企业文化和战略方向，从而推动了企业的持续发展。

在现代企业管理中，企业家的个人修养已成为企业可持续发展的重要因素之一。企业家的心性修养作为个人修养的一种重要形式，涉及道德观念、心理素质、价值观等方面。福耀集团是中国知名的汽车玻璃制造企业，其创始人曹德旺先生就是一位具有高度自我修养的企业家。曹德旺先生的心性修养，尤其是其在为人处世方面体现出的谦和与诚信，以及在困难面前的从容应对，促使福耀集团在风云变幻的市场环境中始终保持稳健的战略方向。处于企业发展顺境中的企业家往往会被当前的

成就所迷惑，产生一种“成就感过剩”的心理，从而忽视外部市场的潜在变化与挑战。在经历了企业早期的艰难时期之后，曹德旺先生始终保持谦逊与自省的心态，并没有因短期的顺利而自满。他不断反思与学习，及时把握行业变化，调整福耀集团的战略方向，提高决策质量，推动企业实现了从中国本土到全球市场的跨越式发展。因此，企业家的心性修养直接影响着企业的战略决策，使企业能够在市场变动中始终保持正确的方向，从而保障企业的长远发展。

企业文化是企业长期健康发展的内在动力，而企业文化的形成离不开企业家个人价值观和心性修养。一个具有高度心性修养的企业家，能够通过自己的言行和理念，培养员工的责任感、创新精神和团队协作意识，进而推动整个组织的持续发展。作为一家大型制造企业，福耀集团的成功离不开以诚信为核心的企业文化的支撑。在曹德旺先生的领导下，福耀集团始终强调“诚信经营”，并将这一核心价值观融入公司管理、生产流程和对外合作中。福耀集团始终倡导“拼搏、创新、奉献”的企业文化，这种文化氛围有利于增强员工的凝聚力和执行力。企业家在修养心性的过程中所形成的稳健心态和远见卓识，不仅影响着企业战略的制定，也会对企业内部的价值观和文化建设起到潜移默化的作用，为企业的长远发展奠定坚实的基础。

现代企业的成功不仅取决于市场份额和盈利能力，还取决于其社会形象。福耀集团的成功经验表明，企业家具有高洁的心性修养，才能引领企业积极承担社会责任，增加社会福利，提升企业的社会形象。曹德旺先生作为福耀集团的创始人，一直秉持着“企业是社会的一部分”的理念，积极参与公益事业，支持教育、扶贫、环境保护等各类公益项目，提升了企业的社会影响力。可见企业家在心性修养方面的成长和进步，不仅能提升个人领导力，还能辅助企业通过履行社会责任而赢得更广泛的支持与认同，为企业的长远发展创造有利的外部环境。

第三节　企业恒态发展与企业家的“从心所欲不逾矩”

企业进入恒态发展阶段后，如何在复杂多变的市场环境中保持长期稳定性与持续创新，是每个企业都必须面对的关键问题。企业的稳定性与创新能力，依赖于企业家强大的个人素质与领导力。福耀集团在这一阶段展现出独特的发展模式与内在驱动力。正是在创始人曹德旺先生的心性修养与道德坚守下，福耀集团才能在全球化竞争中不断稳步前行。他的“从心所欲不逾矩”经营理念，既是对个人品德的要求，更是推动企业文化和价值观深入人心的重要力量。

一、企业恒态发展的内在要求：稳定与创新的平衡

在现代企业的长期发展过程中，恒态发展标志着企业进入一个相对稳定的经营状态，能够在一定程度上抵御外部环境的波动与冲击。然而，在企业恒态发展阶段，单纯依赖稳定性并不足以保持企业发展所要

的市场竞争力。稳定和创新的平衡才是企业快速发展的关键因素。福耀集团在恒态发展阶段展现了出色的战略眼光和管理智慧，充分体现了稳定运营与创新发展相结合的重要性。

首先，企业发展的稳定性是企业进入恒态发展阶段的基础。在这一阶段，企业往往已经建立了成熟的产品和服务体系，市场占有率相对稳固，运营流程规范，管理结构完善。稳定的经营能够确保企业在市场上处于相对优势地位，有足够的资源进行风险防控和产品优化。福耀集团经过多年的市场积累，已经建立了强大的供应链体系和生产基地，能够有效地应对市场需求在一定范围内的波动，并确保产品质量的持续稳定。企业家曹德旺先生在这一过程中扮演了至关重要的角色，他以高度的个人修养和道德坚守，塑造了企业的文化和价值观，确保了企业能够稳步发展，避免过度冒险或盲目扩张。

然而，在全球化和信息化进程日益加快的今天，企业必须通过持续的创新来保持市场竞争优势，以适应市场的动态变化。创新不仅仅指企业产品和技术的更新换代，还包括企业管理模式、市场开拓以及品牌价值的不断提升。福耀集团在技术创新方面持续投入，不断提升产品的质量和生产效率，以适应复杂多变的市场需求。福耀集团的创新不局限于生产端，而是扩展到整个企业运营的各个层面，成功地在国内外市场中提升了品牌影响力和企业价值。

企业家必须在创新与稳定之间找到平衡点，确保企业在创新的同时不会偏离其稳定发展的战略方向。曹德旺先生作为福耀集团的创始人，在这一过程中展现了独特的管理智慧与领导力。他倡导的“从心所欲不逾矩”的理念，强调企业家应当把握企业在恒态发展阶段的核心价值观和道德底线，避免急功近利，保持企业在市场中的良性循环。

二、企业恒态发展的动力：企业家的自律与道德坚守

在企业恒态发展过程中，企业家的自律与道德坚守是企业发展的核心动力。面对复杂多变的市场环境，企业家应以道德底线为基石，为企业的稳健经营和社会责任的履行树立标杆。福耀集团的创始人曹德旺先生，始终秉持“从心所欲不逾矩”的理念，将个人的自律与道德观念融入企业文化，形成了驱动福耀集团恒态发展的重要动力。

优秀的企业文化是企业的竞争力之一，而企业家作为企业文化的塑造者，其自身的价值观和行为习惯深刻影响着企业文化的方方面面。福耀集团的创始人曹德旺先生高度重视企业的社会责任与形象塑造，将福耀集团的企业文化从单纯的盈利导向逐步过渡到注重社会责任和员工福祉导向。这种文化的影响，使企业在全球市场中既能保持稳健的运营，又具备一定的道德竞争力，为企业恒态发展提供了内在动力。

此外，在企业恒态发展阶段，创新是保持企业活力的重要手段，但这种创新不应偏离企业的社会责任与道德标准。福耀集团在汽车玻璃行业的技术突破，源于曹德旺先生对企业本分的坚守。他认为，企业在创新的同时要守住诚信与责任的底线，避免因过度追求经济利益而逃避企业应当承担的社会责任。企业家的自律和道德坚守产生的力量使企业在

面对外部风险时更加稳健。处于恒态发展阶段的企业常面临复杂的市场风险和道德考验。曹德旺先生以内心自律和道德信仰引领福耀集团在市场上稳步前行。例如，福耀集团在美国开拓市场的过程中始终遵守当地的法律和文化，同时保证对社区的回馈。曹德旺先生的“从心所欲不逾矩”理念不仅帮助企业避免了许多潜在的市场和法律风险，同时也赢得了国际社会的尊重和认同，形成了企业独特的声誉资本。

三、“从心所欲不逾矩”：引领企业稳步发展的精神力量

在恒态发展阶段，企业面临着复杂多变的市场环境。企业家的个人修养和道德观念是引领企业稳步前行的重要精神力量。福耀集团的成功充分证明了“从心所欲不逾矩”的企业家精神能够帮助企业在复杂的市场竞争中维持稳定，塑造企业的市场竞争力与社会责任履行能力。

企业家曹德旺先生“从心所欲不逾矩”的精神不仅帮助福耀集团保持了内部的稳定和凝聚力，还增强了企业的社会责任感，提升了企业在全球市场中的品牌竞争力。在企业面对国际化竞争、文化差异和社会责任等多方面的挑战时，曹德旺先生始终铭记企业对社会的责任，积极参与和支持全球公益事业。在曹德旺先生“从心所欲不逾矩”精神的指引下，福耀集团在实现商业目标的同时，也承担起更多的社会责任，树立了良好的企业形象，赢得了社会声誉。另外，企业家“从心所欲不逾矩”的精神是企业在复杂环境中保持稳定发展的关键所在。曹德旺先生将个人的道德观念深深根植于企业的管理实践中，他始终强调，企业

在追求盈利的同时，必须一贯坚守道德底线，避免以不正当手段谋取利益。在面对市场竞争时，福耀集团并未采取恶性价格竞争等短期行为，而是通过不断提高产品质量和创新技术来赢得市场份额，使福耀集团在全球汽车玻璃市场中脱颖而出，赢得了消费者的信任和社会的尊重，也为企业稳步发展奠定了坚实的基础。

“从心所欲不逾矩”的企业家精神能够帮助企业在复杂多变的市场环境中保持稳健发展。曹德旺先生“从心所欲不逾矩”的精神为福耀集团塑造了良好的企业文化和核心竞争力，使企业在追求创新与利润的同时，始终坚守社会责任。这种“从心所欲不逾矩”的精神力量不仅在企业的内部管理实践中发挥着积极作用，也使福耀集团在全球扩张中稳步前行。在当今的商业环境中，“从心所欲不逾矩”的企业家精已成为企业持续保持竞争力并承担社会责任的关键因素。

第四章

“心”之建树：福耀集团初心与企业发展

修心是福耀集团的一个重要命题，心灵秩序的有效构建可以提升企业整体的意识形态与精神状态。综观福耀集团从成立到壮大的全过程，企业的成功和建树离不开心灵秩序的反哺。在统筹“两个大局”同步交织的时代背景下，作为一家民营企业，福耀集团的企业治理模式更多的是因应外部环境的变化而进行战略调整。面对复杂多变的外部形势，修心与内在秩序构建是应对挑战与机遇的重要能量。

第一节　福耀集团：由小变大的大型跨国工业集团

曹德旺先生作为福耀集团的董事长，他个人对于心灵秩序的关照直接影响着企业员工对企业的认知与认同。明代思想家王阳明曾说：“吾心即是宇宙，宇宙即是吾心。”在阳明心学视域中，心灵的容量、格局往往决定着一个人的精神境界与发展状态。对于福耀集团而言，其所秉持的恒心与奋进之心，有力推动企业不断发展。

随着经济全球化进程的加速推进，福耀集团企业规模的扩大和国际化的趋势愈发明显。在复杂多变的经济环境下，福耀集团以其独特的商业模式和卓越的企业文化，经历了企业初创阶段、成长阶段以及发展阶段，逐渐成为一家大型跨国工业集团。

一、福耀集团的良心塑造与企业创建初期的稳定发展

大多数初创期的民营企业必然会面临资源匮乏和竞争乏力等多重挑战，在客观的发展压力面前，良好的企业道德状态会直接影响客户的信任和企业的社会声誉，甚至决定着企业的长远发展。良心治企是福耀集团在初创阶段的一种战略选择，福耀集团坚信有良心、有道德的企业才能赢得社会的信任和尊重，才能在激烈的市场竞争中立于不败之地。福耀集团在初创期始终以良心为导向，坚守初心，并将其作为企业的道德基石，因此赢得了社会的尊重与信任，也更好地服务了人民、回馈了社会。

在福耀集团的初创阶段，坚守良心作为企业行为的一种重要内生动力，在企业发展中具有以下两个方面的积极意义。

一方面，坚守良心意味着福耀集团对自己产品的质量有着极高的要求。只有高质量的产品才能赢得消费者的信任，才能真正实现企业的社会价值。因此，福耀集团始终秉持工匠精神，以质量为本，精益求精。福耀集团为了确保每一块出厂的玻璃都能达到国际标准，建立了严格的玻璃质量管理体系，在产品生产的每一个环节都进行严格的质量监控，使每一块出厂的玻璃在安全性、耐久性以及透明度等方面都达到最佳状态。

另一方面，坚守良心意味着福耀集团要在企业经营管理方面更加注

重诚信。在全球市场竞争中，企业能否获得长远发展，取决于其能否在经营过程中保持良心和诚信。《论语·为政》指出：“人而无信，不知其可也。”讲求信用，诚实守信，是中华传统美德的重要组成部分。儒家先哲对于诚信理念的重视深刻启发了曹德旺先生，他在治企实践中以诚信为本。福耀集团的成功不仅仅在于经济利益，更在于其对社会和环境的贡献。例如，福耀集团积极参与河仁慈善基金会的民生公益事业，回馈社会，为构建和谐社会贡献自己的力量。

福耀集团的创业史也是一部塑造良心与应对挑战的历史。在这一场复杂的心与物的博弈中，福耀集团没有放弃初心，坚持良心塑造，迎难而上。古往今来，从不同场域的商业组织的发展境遇来看，道德基石始终是企业永续发展的根本。福耀集团的案例正是众多坚守道德基石的企业的一个重要代表，而道德基石所蕴含的发展效能既是提升道德修养的支柱，也是经济社会发展的重要引擎。

二、福耀集团成长期的专心实践与企业竞争优势的提升

从初创期到成长期，福耀集团以始终专注玻璃生产的企业战略实践，赢得了社会的认同。在这一由小变大的企业发展过程中，福耀集团的核心问题从化解危机转变为更好地认知自我、把握机遇。在曹德旺先生的理念指引下，福耀集团成为中国乃至全球知名的汽车玻璃制造企业，其专注于玻璃制造核心业务的智慧与定力，塑造出不同于其他企业的竞争优势。

在企业的成长过程中，专注核心业务被视为企业取得竞争优势的关键。专心是企业在成长期获取竞争优势的根本途径之一。企业在成长阶段面临着市场竞争加剧、国内外环境复杂多变以及利己主义泛滥等挑战，如果不能专注于核心业务，便有可能导致企业失去市场份额。在资源十分有限的情况下，只有将资源集中投入核心业务，才能有效提高资源利用效率，增强企业在市场中的竞争力。福耀集团正是凭借对核心业务的高度专注，在行业内保持了长期的竞争优势。

福耀集团创始人曹德旺先生从 1976 年开始接触玻璃行业，经过 20 年的专心钻研，才真正理解玻璃的种类、制作过程及技术规范。福耀集团在成长的关键期，面对多样化的市场机会，始终坚持有所为，有所不为。坚定地选择专注于汽车玻璃的生产，放弃其他看似利润丰厚的机会，例如啤酒瓶制造，尽管生产啤酒瓶在当时看起来利润十分可观，但曹德旺先生仍然选择集中资源和精力，专心致志深耕他所熟悉的汽车玻璃制造领域。而许多民营企业在激烈的市场竞争中，无法抵制多元化经济发展的诱惑，过度扩张而导致企业资源分散，核心业务亦在市场中失去竞争力。正是借助于专心专注的内在驱动力，福耀集团才逐渐成为占据全球约 1/3 的汽车玻璃市场份额的汽车玻璃供应商。

福耀集团在专注于汽车玻璃制造的同时，将技术创新视为关键内容。在技术创新方面持续投入，建立多个研发中心，专门负责新技术的研发与应用。在自主创新和技术引进相结合的条件下，福耀在汽车玻璃的耐用性、安全性、轻量化等方面取得显著突破，开发出更轻、更坚固的汽车玻璃，不仅满足了汽车市场对轻量化汽车的需求，也提高了产品的安全性和节能性。专心与创新的高度契合，使福耀集团不仅能够在企业成长阶段紧跟行业技术发展的步伐，持续推出符合市场需求的高质量产品，同时也让福耀集团始终在激烈的市场竞争中保持技术领先地位。

三、福耀集团的成熟期与企业高质量发展的稳中求进

福耀集团作为全球领先的汽车玻璃供应商，在发展稳定期面对市场竞争、技术变革等挑战时，以持之以恒的精神，深度理解并扮演好其所承担的角色，生动展现了企业的社会责任感，同时也实现了企业自身的可持续发展。在企业的成熟期，恒心是推动企业持续发展的内在动力。

民营企业的恒心首先体现在其对长期战略的坚持上。在我们所处的这个时代，全球经济格局剧烈变动、经济压力日益加剧、社会“内卷化”趋势日益严重、人际关系陌生化以及利己主义广泛传播，都不可避免地会影响企业的发展。在稳定发展阶段，民营企业面临着经济市场环境的快速变化，以及外部经济环境、政策法规和消费者需求的波动等挑战。在这些变化与挑战下，民营企业既要不断调整自己的市场应对策略，也要保持恒心，坚守企业核心价值观和长远战略，以适应新的挑战。

福耀集团在稳定发展的过程中，始终坚持“专注汽车玻璃”这一核心战略，集中资源发展汽车玻璃，最终成为全球汽车玻璃市场的重要参

与者。福耀集团的专心专注是其取得竞争优势的关键，而企业的恒心亦使其在稳定发展期坚决抵制外部短期利益的诱惑，始终坚守原有的长远战略，为其后续的持续增长奠定了坚实的基础。福耀集团在恒心的内在驱动下，保持战略定力，在全球汽车玻璃市场中始终保持强大的竞争力，在面对市场经济环境急剧变化时，表现出高度的灵活性与稳定性。在国际经济波动期间，福耀集团没有因短期的市场萎缩而放弃既定的扩张计划，而是采取优化内部流程、提升生产效率等措施来应对外部经济挑战。此外，福耀集团还在这一阶段积极实施企业国际化战略，开拓海外市场，在美国、德国等地建立玻璃制造工厂，成功进入全球主要汽车制造市场。福耀集团在稳定发展期所保持的战略恒心，提升了其应对国际市场波动的能力，推动了企业的全球化布局和长期稳定发展。同时，全球化的市场布局也为福耀集团带来了更广阔的增长空间和盈利机会。

第二节　河仁慈善基金会：开慈善“造血”之先河

中国的慈善事业历史悠久，早期的慈善活动常以救济贫困、孤寡为主要目的，由教会、家族和地方组织进行。自 20 世纪初期以来，中国的慈善事业逐渐向现代化转型。《中华人民共和国慈善法》的颁布与实施大力促进了中国慈善事业的法治化和专业化发展，政府与民营企业的合作加强，也让民营企业开始在慈善领域发挥重要作用。企业参与慈善事业不仅能展现企业的“初心”，更是企业履行社会责任的体现，能够有效提升企业形象。河仁慈善基金会开慈善“造血”之先河，形成了新的慈善模式。它由企业家曹德旺先生创立，积极引入“造血式”慈善理念，着力提高受助者的自我发展能力，旨在通过可持续的方式帮助贫困地区脱贫。福耀集团的慈善活动充分体现了“福耀初心”，更体现了福耀集团对社会的深远责任和重要贡献。

一、河仁慈善基金会与“造血式”慈善

随着社会的不断发展，企业的社会责任越来越受到关注。作为企业，除了追求经济效益，还应该关注社会公益事业，积极参与慈善活动。企业慈善是企业履行社会责任的重要途径，随着社会和经济的发展，企业慈善模式也逐渐多样化。具体而言，可以分为以下三个主要类型。

第一，捐赠型慈善基于传统“输血式”慈善理念，是企业慈善的早期形式，企业通过直接捐赠资金、物资等形式支持公益事业。国外企业在早期阶段也多采取这一慈善模式。近年来，随着中国民营企业的成长，传统“输血式”慈善逐渐过渡为更多元的慈善形式。

第二，志愿服务型慈善强调企业员工通过志愿服务的形式参与公益项目，这种模式既能增强企业员工的社会责任感，也有助于提高企业内部凝聚力。近年来，随着全球可持续发展议题的升温，企业慈善模式逐渐向可持续发展型转变。企业不仅关注短期的慈善捐赠，更将可持续发

展目标纳入其长期发展战略。

第三，共享型慈善是一种更加注重企业长期社会影响的慈善模式，这一模式在西方学术界得到了广泛讨论，“共享价值范式”理论为共享型慈善模式提供了理论基础，其被 Porter 和 Kramer（2011）定位为“商业思想的下一次重大转型”，能够“驱动新一轮创新和全球经济生产效率的提高”，进而“重塑资本主义及其与社会的关系”。在中国，共享型慈善同样受到了企业的关注，腾讯、阿里巴巴等企业通过设立基金会，积极参与和解决教育、环保等领域的系统性社会问题，并通过技术创新赋能公益事业。

河仁慈善基金会是曹德旺先生于 2011 年在中国创立的一家非营利性慈善组织，是对共享型慈善模式因地制宜的实践。河仁慈善基金会的“造血式”慈善理念是相对于传统“输血式”慈善理念的一种新型慈善理念。与传统“输血式”慈善理念下的直接捐赠，如捐钱、捐物等方式相比，河仁慈善基金会引领的“造血式”慈善模式侧重于提升个人或社区的自我发展能力。其核心思想在于通过教育、培训和就业支持等长效发展措施，让受助者在得到援助后能够独立生存，减少对外部捐赠的长期依赖，最终实现自我发展。福耀集团的这一慈善实践在中国起到了先锋模范作用，不仅体现了福耀集团的价值观和社会责任观，实现了更为长远和可持续的社会效应，还推动了中国慈善事业的专业化和可持续化发展。“造血式”慈善理念源于曹德旺先生早期的成长经历。曹德旺先生在家庭贫困的条件下通过自己的勤劳与努力逐渐成为中国成功的企业家，因此，他深刻理解经济独立对于改善贫困生活的重要性。“造血式”慈善理念不仅仅局限于提供物资或经济援助，更注重通过教育、技能培训等长期发展方式，帮助受助者建立起可持续发展的能力。这一理念为中国慈善基金会的运作提供了更好的发展方向。

二、“造血式”慈善模式面临的挑战

作为中国领先的汽车玻璃制造企业，福耀集团不仅在商业上取得了巨大成功，还在承担社会责任方面树立了良好的榜样。它自成立以来，一直致力于中国慈善事业的发展。福耀集团的慈善活动始于早期捐资助学、扶贫济困等传统慈善活动，随着时间的推移，逐渐发展形成更具系统性和长期效益的河仁慈善基金会“造血式”慈善模式，充分展现了福耀集团的“初心”和“利他精神”。“初心”是企业追求经济效益，“利他精神”则强调心灵的“社会化”，努力回馈社会，积极承担社会责任。河仁慈善基金会的成立，“开了我国用股权成立慈善基金会的先河，得到了中央和各级政府的大力支持与帮助，也得到了社会各界和广大群众的认可和肯定。之所以能取得今天这样的成绩，得益于河仁慈善基金会创办人曹德旺先生坚守实业报国精神和公益慈善情怀”[1]。

首先，作为一种可持续发展型慈善模式，“造血式”慈善模式旨在通过教育、技能培训和社区建设等长期发展方式，帮助受助者获得自我

[1] 程铁生．河仁慈善基金会的公益慈善实践［J］．人民论坛，2018（3）：57.

发展的能力，从而摆脱对慈善捐助的长久依赖。与传统“输血式”慈善模式相比，“造血式”慈善模式需要更长的时间才能看到受助者的独立成长，充分展现其成效。那么，如何在短期内满足受助者的紧迫需求，并兼顾其长期发展的战略目标，是“造血式”慈善模式面临的一个重要挑战。

其次，“造血式”慈善模式的实践周期长，把控“造血式”慈善项目的有效性并确保其长期效果成为其发展的关键环节。与传统慈善模式不同，衡量“造血式”慈善项目成功与否不能仅基于资金的投入和即时的成果，而是需要通过更复杂的指标来评估，如受助群体的经济独立性、生活质量的提升等。由于“造血式”慈善模式的周期比较长，如何建立有关的慈善监控机制，确保资金和资源的高效使用，并对慈善项目进行持续跟踪和评估，是“造血式”慈善模式面临的第二个显著挑战。

最后，“造血式”慈善理念虽然逐渐被广大群众接受，但在一些场域中，传统的“输血式”慈善理念仍占主流地位。许多受助者和潜在的企业捐助者对于“造血式”慈善的长期效益和可持续性认识不足，导致社会各界对这一慈善模式的支持率和参与度并不高。因此，如何高效合理推广“造血式”慈善模式，提高广大公众对其价值的认知，也是河仁慈善基金会面临的现实挑战。

三、福耀集团对“造血式”慈善模式面临的挑战的应对措施

“慈善事业的发达程度是反映一个国家、社会和民族文明程度的重要

指标之一。”[1]“造血式”慈善模式作为一种现代化慈善理念，尽管有所发展并具有较大的发展潜力，但仍然面临着上述一些现实挑战，这就需要政府与民营企业同步发力，共同优化企业公益慈善的社会共享生态圈。

首先，政府可以为“造血式”慈善模式提供更为完善的组织支撑。在新时代，传统的企业慈善模式很大程度上被打破，嵌入多元企业公益元素，这就需要政府准确定位企业在公益慈善模式中的职能，搭建资源优化配置的共享平台，实现各类商业型组织、社会企业与混合型组织的发展，共同创造更加均衡的慈善价值，形成我国慈善事业进一步发展的新组织体系，及时宣传“造血式”慈善模式等新慈善理念。

其次，提升河仁慈善基金会的独立性，加强对“造血式”慈善理念的宣传。河仁慈善基金会是福耀集团践行社会责任、开展公益慈善活动的重要载体，也是宣传“造血式”慈善理念的重要阵地。企业基金会可以联合其他公益慈善组织共同宣传“造血式”慈善理念，共同推动慈善项目落地，帮助更多的人了解这一理念所具有的长远意义。社会共识的形成可以为“造血式”慈善提供更强的舆论支持和资源保障，这不仅有助于吸引更多的个人捐助者和企业参与慈善活动，还可以促使更多社会组织参与慈善活动，共同推动中国慈善事业的可持续发展，真正实现“造血式”慈善的可持续发展目标。

最后，充分利用新技术，如大数据与人工智能等，精准定位受助群

[1] 徐宁宁．论我国个人慈善的现状与发展［J］．科技信息，2010（16）：448.

体，使民营企业搭建的公益慈善平台中的受助主体信用有章可循。在未来，随着科技的进一步发展，福耀集团的“造血式”慈善模式有望更加广泛地实施，并为社会的可持续发展做出更大的贡献。

曹德旺先生曾说：“捐款，我是出于一种共享的心态。慈善，就是财富的第三次分配，让改革发展成果更多更公平惠及人民。”河仁慈善基金会自成立以来，尽管面临着诸多挑战与困境，但始终秉持“关注弱势群体、促进机会平等、推动社会和谐”的理念，以高站位、大格局用心用情开展慈善活动，促进了社会的可持续发展，也充分凸显了福耀集团的“利他之心”。福耀“初心”体现在企业内部的管理和文化建设中，更体现在产生广泛社会影响的实际慈善行动中，其河仁慈善基金会开了慈善“造血”之先河，在一定程度上创新了中国民营企业参与慈善事业的方式，为其他企业提供了可借鉴的成功案例。此外，从社会影响力的角度来看，福耀集团通过一系列慈善项目和企业社会实践活动，提升了企业的社会形象和声誉，促进了民营企业与社会之间的良性互动。因此，福耀“初心”的价值传承体现在其将企业的商业成功与社会责任紧密结合的过程中，不仅形成了企业内部的文化，也产生了更为广泛、深远的社会影响，充分展示了现代民营企业如何通过“利他之心”实现自身与社会的共同发展，为其他企业践行社会责任和实现可持续发展树立了榜样。

第三节 福耀科技大学：从治企到育人

1987年成立的福耀集团，如今已是世界第一大汽车玻璃供应商。福耀集团在全球化竞争中不仅积累了丰富的管理经验和技术优势，而且一直深耕慈善事业领域。从创办河仁慈善基金会到创立福建福耀科技大学（以下简称福耀科技大学），福耀集团始终秉持“初心”，以“利他之心”积极承担社会责任。福耀科技大学的应运而生体现了福耀集团从治企到育人的跨越，标志着福耀集团在履行社会责任方面的深度发展。

一、福耀集团的教育实践：福耀科技大学应运而生

民营企业办学彰显的是企业家回报社会的责任与担当。对于曹德旺先生而言，其在80岁之际斥资逾400亿元推动创立的福耀科技大学，是其“利他之心”的重要体现。福耀科技大学的创立，是福耀集团在其“初心”驱动下，对教育实践的一次战略性推进，不仅彰显了福耀集团对社会责任的担当，更体现了福耀集团将企业发展与人才培养深度融合的战略考量，为我国高等教育发展注入更加强劲的动力。

福耀集团的创始人曹德旺先生早在集团发展初期，就将资助教育事业视为回报社会的重要途径。因此，福耀集团多次在全国范围内进行教育捐赠和基础设施建设，其早期的教育捐赠模式是传统的教育公益模式，主要体现在对偏远地区学校的资助和奖学金的设立，帮助改善当地的教育条件。然而，随着福耀集团的发展，曹德旺先生逐渐意识到，仅仅依

靠“输血式”教育捐赠无法系统性地解决教育资源不均的问题。因此，为了推动教育事业的持续发展，福耀集团逐渐将其社会责任实践从单纯的教育公益捐赠扩展到企业办学领域，尝试更为系统化的教育实践。

在这种背景下，福耀集团创办了福耀科技大学。福耀科技大学的创立不仅是企业社会责任感的体现，更是企业战略与教育公益相结合的探索成果。福耀科技大学是新时代我国企业举办高水平民办公助高校的积极尝试，在我国民办公助高等教育中具有典型的标本价值，主要体现在：这是一家由民营企业投入巨资、以高水平大学为办学目标的新型民办公助高校。有别于现有民办高校，该校将以基金会为举办者，从而在企业与大学之间建立起“防火墙”，防止企业可能产生的风险波及高校。福耀科技大学的应运而生标志着福耀集团在教育领域迈向更高的层次。在全球化竞争日益加剧的背景下，福耀科技大学的成立不仅是顺应时代的产物，更是福耀集团在教育领域的战略布局。

福耀集团创立福耀科技大学，其战略愿景是希望在中国建设一所世界领先的工科类院校。在曹德旺先生的志愿中，这所学校不仅要为福耀集团输送玻璃科技的高端人才，同时也要成为福耀集团持续发展的教育阵地，更要为曹德旺先生的家乡福建以及其挚爱的祖国贡献一个有巨大潜力和发展空间的高端学府。从立己到育人，福耀集团的心灵秩序展现出强大的内在修为和积极的社会关照。

二、产学研协同：福耀科技大学的育人使命与战略实践

福耀科技大学具有鲜明的办学理念和实践方略。其教育使命在于将企业需求与人才培养进行深度对接，培养创新型科研人才和应用型人才，为中国高端制造业输送具有创新精神和实操能力的人才。福耀科技大学的问世，获得了中国知识分子、莘莘学子，甚至世界知名专家学者的广泛认同。

作为一所以科技为核心的大学，福耀科技大学设置了汽车制造、材料工程和智能制造等专业，与福耀集团的核心业务紧密联系，这种将企业需求与高等教育教学紧密结合的教育理念不仅有助于学生了解科技产业前沿，同时保证了企业未来的技术人才储备，进一步推动了中国制造业的升级。同时，福耀集团在教育领域的发展实践，不仅仅局限于单一的教育投入，更注重与社会其他企业、国内外高校和科研机构广泛合作，实现教育资源的优化配置，大力推动福耀集团教育公益事业的可持续发展。福耀集团在提升福耀科技大学的教学硬件和师资水平的同时，还积极设置奖学金、助学贷款等多项资助项目，帮助更多青年实现高等教育梦想，推动了教育公益事业的可持续发展，促使福耀集团在更好地履行社会责任的同时提升了企业价值，实现了双赢。

福耀集团将福耀科技大学的育人探索与企业发展有机结合，为中国教育事业的发展贡献了力量，实现了企业、学生和社会的共赢。同时，福耀科技大学也为福耀集团和中国制造业的高质量发展提供了稳定的人才储备。此外，福耀集团对福耀科技大学的教育投入，提升了其社会形

象和影响力，进一步展现了福耀集团的社会责任感和社会价值，也为其他企业在社会责任领域的实践提供了宝贵的经验。

三、“敬天爱人，止于至善”：福耀科技大学的办学理念

福耀科技大学的创立是福耀集团从治企到育人转型过程中迈出的重要一步，是福耀集团在企业经营之外的社会责任的延展，更是其对未来人才培养、科技创新和产业发展的重要布局。这一举措不仅为福耀集团自身的发展注入了新的活力，也为其他民营企业将社会责任与产业发展深度融合提供了有益的借鉴。曹德旺先生在推动福耀科技大学筹办的过程中，将自身治企的经验与“敬天爱人，止于至善”的理念融入了这所新生的学府。

“敬天爱人”是福耀科技大学校训的一部分，来源于中国古典哲学。“天”是中国古代哲学中的基本命题，中华民族对“天”的理解中最深刻的部分应该是对“天”化生万物，作为“生生”之源的认识。没有“天生万物”的观念，就不可能产生“天人合一”的观念。正是对“天生万物”的确信，使得中国古人在对“天”充满敬畏的同时，也充满着感激，并因此试图去探讨“天人”之间的关系。儒家的出发点和归宿点都是“人”，以至于从一定意义上可以说，儒学就是“人学”，孔子认为“天地之性，人为贵”，孟子提出“民为贵，社稷次之，君为轻”的观点。追溯起来，儒家是周代“以德配天”“天佑下民”思想的主要继承者。早期儒者强调“天与”“人归”“天人合一”的观念，董仲舒在《春

秋繁露·立元神》中提到：“天地人，万物之本也。天生之，地养之，人成之。天生之以孝悌，地养之以衣食，人成之以礼乐。三者相为手足，合以成体，不可一无也。”[1]日本著名企业家稻盛和夫在深刻领悟儒家“民本”思想以及“天人合一”思想的基础上，提出了“以心为本”的理论，并在经营实践中一丝不苟、一以贯之。在他看来，“敬天”的基本内涵就是经营者要敬顺宇宙的意志，依循天理良知，像天道运行一样刚健有力、积极进取而又充满善意，遵循企业发展的客观规律而又不负人心。福耀集团创始人曹德旺先生对“敬天爱人”的解释为“不犯天条，不犯众怒”，勤奋敬业必须以遵纪守法为前提，敬畏天理良知，守法经营，才能获得客户和社会公众等利益相关者的信赖。这与“敬天爱人”的思想相契合，是中华优秀传统文化在现代企业经营中的体现。因此，将中华优秀传统文化创造性地融入现代企业发展之中，继承那些被历史证明了的、合理的儒家思想精华，并与时俱进，对于现代社会发展具有重要的现实意义。

“止于至善”作为福耀科技大学校训的另一部分，包含着立德树人的重要理念。《大学》开篇讲：“大学之道，在明明德，在亲民，在止于至善。”其核心是追求道德和实践的至高境界。“止于至善”作为福耀科技大学的校训，既鼓励学生在学术上追求精益求精，也引导他们通过道德自律与勇敢承担社会责任，实现自我提升与社会贡献，这充分反映了

[1] 董仲舒．春秋繁露［M］．张世亮，钟肇鹏，周桂钿，译注．北京：中华书局，2012：194：

福耀集团对卓越教育质量的追求和对学生全面发展的期待。在中国古代的哲学理念中，“吾日三省吾身”“持之以恒，积善成德”隐含着善性人格修养的价值追求。曹德旺先生非常认同这种追求，并借鉴儒家“修身、齐家、治国、平天下”的心性论，会通儒、释、道三家的“心学”智慧，进而形成了一种符合当代中国教育方针的特色化办学理念。

“敬天爱人，止于至善”的教育理念对当下中国教育领域具有诸多启示。“敬天爱人，止于至善”的理念引导教育工作者在教学中融入道德教育，引导学生不仅在学术上追求卓越，而且关注品德修养、人格健全和社会能力的培养，促进学生敬畏自然和社会，从而培养出具备社会责任感和“利他之心”的人才。这与现代教育理念中的“全面发展”相契合，要求学校关注学生在知识、品德和技能各方面的均衡发展。福耀科技大学“敬天爱人，止于至善”的教学理念与福耀集团的“初心”密不可分，福耀的“初心”始终围绕着追求卓越与勇担社会责任的双重目标。将“敬天爱人，止于至善”深植于企业文化和教育理念中，不仅为企业的发展提供了道德准则，也为福耀科技大学的教育事业赋予了崇高的使命。

第五章

“心”之能量：中国式管理的道德生产效能

中西方管理哲学在各自悠久而深厚的哲学底蕴和文化系统之中孕育、发展和成熟，展现出不同的风格和特色。西方管理哲学所秉持之“心”是以自身发展利益为首要考量因素的“利己之心”，而中国管理哲学推崇以“利他”为内容规范的运思之“心”。以当代中国管理哲学为指导的中国式管理所遵循的并不是以法理约束为基本特征的西方经济契约的逻辑，而是通过内在的、基于道德信念和情感认同的心灵契约的形式发挥出不同于单纯经济生产效能的道德生产效能。在现代企业管理的实践中，基于中国式管理的风格、特色所形成的心灵契约展现出具有标识性的中华文明伦理特质。推进中国式管理，既不能完全套用中国传统的人治管理模式，亦不能全部照搬现代西方经济理性衍生的法治治理经验，亟须以“两个结合”为理念指引，以“责任之心”助推“拟家庭化”的企业组织形态在发展中实现和合正义和共赢共生相统一，以“关怀之心”推动企业利益分配格局走向平等的自由和差异化的保障相统一，以“仁爱之心”推动企业发展实现经济效益和生态正义相统一。福耀集团的修心是驱动个体行为、塑造社会关系的动力，将其融入管理实践，意味着重视管理者的道德修养、员工的情感需求和企业的文化导向，通过培养高尚的道德观念，激发员工的内生动力。中国式管理旨在构建基于信任、尊重和合作等正向价值观的伦理工作环境，以期发挥出不同于单纯经济生产效能的道德生产效能。

第一节 “利己之心”与“利他之心”：中西方管理哲学“心”之结构的剖析

从“心”之结构来剖析经营管理模式，是近代以来学界为之努力的一个重要问题域。[1] 概而言之，西方管理哲学所秉持之“心”是以自身发展利益为首要考量因素的“利己之心”，而中国管理哲学推崇企业管理者在生产经营中涵养以“利他”为内容规范的运思之“心”。从福耀集团的生产运行模式来看，在曹德旺先生提倡的“菩提心”企业经营理念主导下，其所展演的道德生产逻辑有效赓续并发扬了中国自古就有的商业伦理精神。

一、中国管理哲学“利他之心”在福耀集团的呈现

“仁者以财发身，不仁者以身发财”，中国古代的经济史“并不是按照法家反对交易、反对商业蓝图构建出来的事实”[2]，相反，其中蕴含着理想的商业伦理秩序的基本图景。在剖析福耀集团内含的“利他之心”的发展动能之前，亟须首先辨析中西方管理哲学的不同文明底蕴和实践向度。

[1] 张育新．经营者心学：经营者成败的根本原因在于“心”［M］．北京：企业管理出版社，2021：13.

[2] 邓钢．中国传统经济：结构均衡和资本主义停滞［M］．茹玉骢，徐雪英，译．杭州：浙江大学出版社，2020：134.

西方管理哲学的出场语境建立在从世界秩序中脱颖而出的现代独立个体的基础之上，其所内含的性恶论文明底色塑造了西方现代企业利己式的经营理念、科学化的管理制度和扩张型的发展模式。西方微观经济学探讨的问题是市场主体如何在特定约束条件下实现资源的最优配置，管理哲学则进一步剖析专业分工条件下企业如何实现人力、物力的组合式调配和有效协同。西方管理哲学是对西方管理理论蕴含的世界观和方法论的升华，其思想必将随着社会经济形态的演进而拓展创新。古希腊时期的柏拉图的理念论和中世纪基督教伦理都对前现代西方管理哲学产生过深远影响。西方古典哲学往往将世俗的人性视为有缺陷的、罪恶的，这是由于“人类之心”分出了“理念之心”，出走伊甸园的人“心”是不完善的、不完美的，亟须外部约束予以规范和引导。这在前现代西方管理哲学中表现为对人的“利己之心”的承认，并通过制度设计来抑制其负面影响。现代西方管理哲学诞生在资本主义大工业方兴未艾之时，资本家服膺的管理理论以商品化的自由劳动力为现实前提。个体为了满足衣食住行等物质生活的需要，必须在经济市场中谋求自身的物质利益。现代西方管理哲学正是循着这一需要，在管理实践中倾向于通过绩效考核、股权激励等外在机制激发员工的“利己之心”，同时设置严格的监督制衡机制来防止员工滥用职权或损害企业利益，以达到企业发展和员工进步的双赢目标。

现代西方管理哲学以管理科学为理论基础，其思想特质具有明显的机械主义倾向，在实践中表现为管理之“心”的僵化、“心”和“物”

的二元对立以及渡人之“心”的弱化。于中国式管理而言，“管理就是心的互动”[1]，即员工用“心”做事、企业家用“心”管理，在双方将心比心、以心换心的实践中共同实现“心”的成长。而对于标榜发展效率的西方企业来说，管理外化于“心”的“行”比“心”本身更重要。其一，在方法论层面，现代西方管理哲学强调运用“统计技术与技术工具，博弈论、决策论、运筹法”[2]等科学方法管理企业，但过分依赖调研数据和数理模型，会忽视人的主观能动性和情感需求，使管理过程变得冷冰冰，缺少人文关怀。管理本应随势而动、因时而变，但当员工之“心”为企业所设定的“关键结果”束缚的时候，“心”之活力和动能就会相应被削弱，管理者和被管理者的“心”都变得僵化和保守。其二，在认识论层面，受管理科学影响的现代西方管理哲学沉浸在主—客二分的思维方式之中，以其为指导思想的西方企业管理者过分关注“物”的层面，追求“成本最小化—效益最大化”的经济目标，遮蔽了“心”的层面，即员工的心灵状态、团队的工作氛围、企业的文化信念等。其三，在价值本体论层面，虽然基于乔治·梅奥的“社会人”假设、亚伯拉罕·马斯洛的“自我实现人”假设和威廉·大内的“文化人”假设等的多种管理理论已然表明在管理中激励人“心”、发展人“心”和引领人“心”的重要性，但在实际工作中，西方管理者仍然过多关注激发员

[1] 曾仕强. 中道［M］. 北京：北京联合出版公司，2018：21.
[2] 胡国栋. 管理范式的后现代审视与本土化研究［M］. 北京：中国人民大学出版社，2017：29.

工的利己之“心”和竞争之“心”，相对缺少激发员工内心深处的帮扶之“心”和助人之“心”的体制机制。

二、基于福耀集团看中西方管理哲学思维方式的差异

中国管理哲学在管理实践中发展出“时中”的思维方式，其影响下的中国式管理表现出沉潜蓄势、顺势而为的经营理念。与西方管理哲学侧重管理技术、理性结构、组织形态等方面不同，中国管理哲学始终是指向“人”的经营哲学，这里的“人”不是西方理性的“经济人”，而是可以经验到的、有血有肉的、通情达理的“实践的人”。

对人性的不同解释影响了中西方管理的性质，以制度建设为中轴的西方管理在本质上是一种工具理性管理，而中国式管理是以“情—理—德”三元结构为基础架构的人道价值管理。这种三元结构映射着中国管理哲学的三种“心”，即生发自然之情的“慈悲心”、觉解天道之理的“仁爱心”和保持战略定力的“止水心”。归根结底，这三种“心”均以利他的“本心”为价值导向。在具体的企业经营中，将“利他之心”融入管理实践是提升管理水平、实现企业发展的重要途径，福耀集团就是一个具有代表性的成功案例。

福耀集团是全球知名的汽车玻璃供应商，其创始人曹德旺先生不仅是一位深谙中华优秀传统文化的成功企业家，而且是一位具有人文情怀和社会责任感的智者。曹德旺先生通过自身的修行和体悟，将利他精神内化为企业的灵魂和动力源泉。他在企业管理中无限接近大彻大悟、明

心见性的精神境界，将佛教的“菩提心”融入企业的日常管理中，形成了独具特色的企业文化和价值信念。福耀集团在发展过程中，始终秉持曹德旺先生的治企理念，主要体现在对客户的优质服务、对员工的情感关怀、对社会的责任与使命等方面。

三、福耀集团“本心”的无私奉献

构建当代中国管理哲学，既不能摒弃中国传统管理哲学基于人性善的思想底色所涵养的“三位一体”的“本心”，又不能忽视深潜于现代西方管理哲学主导的管理实践中的“私心”，而应该在充分认识人“心”结构复杂性的基础上，以海纳百川、无问西东的胸怀博采各种管理哲学的精粹。当代中国管理哲学是一种总体性的管理观，要旨在于使员工彰显自身内在固有的智慧与美德，通过个人的自我完善将这种智慧和美德推广至整个企业组织，乃至市民社会，促使每个人都在和谐的环境中实现自我价值。

曹德旺先生曾多次强调，企业在发展中不应只追求经济效益，更应该注重社会效益，通过自身的发展为社会创造更多价值。在东南亚发生严重金融危机的时候，福耀集团并没有趁火打劫，恶意压低采购原材料的价格，而是设身处地维护供应商的利益，按照市场价格购买印度尼西亚 ASAHI 公司的原片玻璃，并尽力多采购，以减轻对方的经济压力，这种行为充分反映出福耀集团蕴含着“利他之心”的伦理基因。福耀集团还积极参与社会公益事业，多次捐资捐物支持教育、扶贫和救灾。曹德旺先生更是亲自发起并成立了河仁慈善基金会，用自己的实际行动践行利他精神。

在当代中国管理哲学指导下，公司职员不再是现代意义上纯粹的“为己之我”，而要成为“人人为我，我为人人”的企业创客，员工要在中国式管理的实践中锻造出自身的二象性，既是“独立自我”，又是“为他自我”。在涵养员工“利他之心”的过程中，中国式管理所遵循的并不是以法理约束为基本特征的西方经济契约的逻辑，而是通过具有中国特色的心灵契约的形式，发展出一种凝聚着中华优秀传统伦理文化的道德生产效能。

第二节　心灵契约：中国式管理的道德生产效能的特质与优势

在当今“全球化”和“逆全球化”博弈的商业环境中，中国管理哲学作为一种融通中国传统治道智慧和现代管理科学的独特理念，日益展现出独树一帜的价值与魅力。中国式管理向来强调和谐、中庸和互惠，这与心灵契约的内在特质不谋而合，其所蕴含的动态性、责任性和交互性的价值属性同社会主义核心价值取向高度契合。

一、心灵契约：中国式管理的典型命题

心灵契约不仅是连接员工和企业的无形规范，而且是一种推动双方良性互动、达成合作共识、实现共赢发展的隐性纽带。作为员工和企业之间隐含的、基于期望和承诺的深层心理状态，心灵契约在中国式管理中的重要性日益凸显。中国人的心灵契约超越了传统书面契约的局限，它深入人的内心世界，通过情感、信任和价值观的共鸣，构建起一种更为稳固和持久的管理关系。

在“心”与“心”的普遍联结中，中国式管理发挥出的道德生产效能，有别于西方管理理念所产生的单纯经济效益。在西方组织心理学领域存在着与心灵契约相似的概念，即20世纪60年代由克里斯·阿吉里斯提出的“心理契约”，旨在描述员工对组织的期望与组织对员工的承诺之间的无形约定。这种“心理契约”虽然没有法律效力，但会对员工的行为、满意度及组织认同感产生深远影响。在中国式管理的语境下，此“心灵契约”非彼“心理契约”，其中蕴含着中华优秀传统文化的底蕴，核心在于建设一座互信的“心灵之桥”。“心”的交互性承认不仅基于物质层面的期望，更包含社会情感层面的希冀。只有员工和企业之间相互负责，通过满足彼此的期待，才能形成和维护好动态平衡的心灵契约。

在中国式管理背景下，心灵契约的形成是一个复杂而动态的过程，它根植于中华优秀传统文化和现代管理理念的交汇中。心灵契约的构建，不仅体现了员工与企业之间的信任与承诺，更深刻反映了中国文化

中的人际关系、情感投入与价值认同等核心要素。不同于西方管理理论侧重于明确的法律合同和经济交换，心灵契约强调的是一种内在的、基于道德信念和情感认同的“非正式协议”，它构成了管理者与员工之间深层次的信任与合作关系。心灵契约虽然在本质上有别于有形的经济契约，但两者都对签约双方具有一定的约束力。

二、心灵契约所展现的企业治理状态

心灵契约不仅是一种合情的管理手段，而且是构建和谐工作环境、提升企业绩效的基石。中国的企业管理者不仅是目标任务分配者，而且是道德引导者，通过塑造自身的道德品格，引导员工提高道德情操并激发出其内在动力。员工因认同企业的价值观，进而对企业产生深度情感联结，这种联结超越了物质利益，建立在共同的道德信念和情感认同之上。基于中国式管理的风格、特色所形成的心灵契约具有独特的道德生产效能，在现代企业管理实践中展现出具有标识性的中华文明伦理特质。

其一，中国式管理哲学汲取忠恕之道的精髓，在实践中引导员工将心比心、设身处地站在对方的角度来考虑问题，有助于化解团队内部的矛盾纠纷，营造团结和谐的企业发展氛围。儒家思想所倡导的“己所不欲，勿施于人”和“推己及人，能近取譬”的伦理准则，为心灵契约的建立提供了坚实的道德基础。这种基于传统智慧的管理理念，不仅有助于提升员工的道德素养，而且能够增强团队的凝聚力和向心力。

其二，中国式管理所面临的组织形态不同于西方理想的科层制行政体系，其组织起来的方式具有高度“拟家庭化”导向，管理实践中的“拟家庭化”场域有利于员工之间以心换心、彼此信任，增强员工对企业大家庭的归属感。中国先哲洞察出“人心”和“道心”的内在张力，并提出“惟精惟一，允执厥中”的纾解之道。这启示管理者要正确对待企业经济利益和员工情感需要之间的关系，既要追求企业发展的经济效益，又要关注员工的内心世界。

其三，在中国式管理实践中，企业领导者通过诚意正心的方式以上率下进行管理，要求员工在工作中保持真诚、不作假，以实事求是之心来处理各项工作。无形的心灵契约的建立需要企业管理者和员工时刻保持心灵沟通的状态，只有基于双方同向发力、相向而行的生产实践，企业才能在激烈的市场竞争中实现可持续的成功。正所谓“皇天无亲，惟德是辅”，企业管理者必须在日常活动中展现出深厚的道德修养，通过他们的真诚和正直来赢得员工的信任和尊敬，推动企业朝高质量发展目标迈进。

联结员工之“心”和企业之“心”的心灵契约构成了中国式管理的活力源泉。中国式管理所发挥出来的生产能量蕴含着强大的伦理动因，体现在企业对员工的关怀、对社会责任的承担以及对中华优秀传统文化的传承等方面。无论是在基础设施、能源供应、交通运输等关键领域发挥着重大作用的国有企业，还是在产业转型升级和经济结构调整中扮演着重要角色的民营企业，员工与企业之间不仅具有基于劳动合同的经济法律关系，而且存在着一种基于共同愿景、价值认同和情感依赖的心灵契约关系。后者虽然无形，却能量强大，可以增强员工的忠诚度、责任感和归属感，从而提高工作效率和创新能力。

三、福耀集团巧用心灵契约构建和谐劳动关系

建立在共同的价值观念和道德准则基础之上的心灵契约是员工自我约束、自律自省的内在动力。当员工发自内心地认同企业的使命和愿景时，他们对内会自觉遵守规章制度，对外会极力维护企业的正面形象，将企业的声誉与个人的发展紧密联系在一起，坚守道德底线，减少不道德行为的发生，推动企业实现道德化发展。

作为专注于汽车安全玻璃生产的大型跨国工业集团，福耀集团在企业管理中巧妙融入了心灵契约式的中国管理理念，这一做法显著提升了其道德生产效能。福耀集团注重构建和谐劳动关系，通过达成心灵契约的方式同员工建立深厚的情感联系。企业不仅为员工提供优厚的薪酬福利，而且关注员工的职业发展和个人成长，为员工提供广阔的晋升空间和学习机会。这种关怀和支持让员工感受到企业的温暖和尊重，使员工在工作中更加积极主动，愿意为实现企业的目标付出更多努力，从而提高生产效率和产品质量。这种以员工之“心”为企业之“心”的做法使福耀集团在激烈的市场竞争中持续获得优势地位，这便是中国式管理的道德生产效能的优势所在。福耀集团倡导“发展自我，兼善天下”的企业文化，鼓励员工积极参与企业建设，共同创造美好未来。这种向善的共同体情怀让员工在工作中更加团结，形成了强大的内部凝聚力，为企

业的稳定发展提供了有力保障。

中国式管理充分调动了员工的“利他之心”，激活了员工的内在动力和创新能力，使企业对于员工来说不仅是经济共同体，而且是“拟家庭化”共同体、伦理共同体和成长共同体。与西方经济理性相比，中国式管理在道德生产效能方面展现出了极大的优势和潜力，这种管理形态打破了西方传统管理理念的局限，为全球企业管理提供了可资借鉴的思路，为全球企业的发展提供了新的可能性。

第三节　义以生利：中国式管理的价值理性对西方经济理性的超越

西方经济学家试图通过建设规范经济学或伦理经济学等新的学科门类，来弥补实证经济学的理论缺陷——对价值理性的“遗忘”。但在资本主义私有制的叙事话语中，人的完全异化、物质主义畸形发展等问题未能得到根本解决，资产阶级的伦理道德仍是服务于现代资本主义经济理性的观念上层建筑。因此，所谓的“弥补”只是“思辨的弥补”，规范经济学也只是“黑板上的经济学”。我们要找到走出“现代性迷思”的实践路径，为中国式管理提供哲学的智慧，必须解蔽现代西方经济理性运行中的问题，正确辨析和厘清“义”与“利”的关系，找到中华优秀传统文化的“医治药方”赋予当代的活力和能量。

一、西方单向度资本主义经济理性的负面效能

面对信息化、智能化浪潮相互叠加的百年未有之大变局，批判经济理性之弊不仅是破除“西方经管学神话”的题中之义，而且是发展传统伦理与现代治理辩证统一的“中国式管理学”的必由之路。与传统自给自足的农耕经济形态相比，经济理性在现代社会的运用更为明显、广泛，潜藏在自然物质中的经济属性被掌握先进科学技术的现代企业不断发掘。在西方企业的经营管理中，运用经济理性在激烈的市场竞争中表现得尤为重要。但经济理性在西方企业中的单向度发展也会招致相应的问题，主要表现为三个方面。

第一，经济理性在企业生产过程中的单向度发展不仅会造成人与自然环境之间的关系失衡，而且会导致企业漠视员工在情感支持、价值归属等方面的现实需要。当企业经理人运用经济理性为内部员工规定好月度、季度、年度的关键绩效指标后，为了生存必要和生活需要，企业员工必须围绕预期的数字展开一切工作。而在这个过程中，自在自然的生态承载力、人化自然的生态阈值、消费者的实际消费能力并未成为他们考虑的主要对象。现代西方企业在利用、改造自然的过程中确证了对自然的统治权，但这种基于经济理性的企业文化信念从根本上讲是不可持续的，不仅外化出人与自然的异化关系，而且使员工对企业仅存在经济方面的依赖，而缺少情感上的寄托。

第二，企业在营销层面运用经济理性虽然有助于实现“商品的惊险的跳跃”，但过度的理性营销会使企业偏离为消费者服务的初心。面对

波动的市场环境，要在供求竞争机制中顺利实现从商品到货币的“跳跃”，营销就成为现代企业经营管理的关键一环。但如果企业打着“营销包办一切”的旗号，使商品的符号、包装、品牌价值远超过其使用价值，过多地将目光聚焦在打造爆款商品、制造短缺经济上，将不利于推动商品质量的提高，影响企业的增长后劲。

第三，部分资本主义上市企业为了在财务年报中反映出所谓滚雪球式的利润增长，不惜违背企业管理的财务伦理规范，背负沉重的道德风险，在膨胀的经济理性的牵引下走入歧途。有些企业管理者指示财务人员违规对公司年报进行“技术处理”，企图通过财务年报的“数字泡沫”来掩盖企业发展中遭遇的“增长难题”，这是对经济理性盲目崇拜、无批判反思的体现，忽视了诚信才是企业做大做强的立身之本。

二、马克思主义对西方单向度资本主义经济理性的批判

经济的发展是否应该关切、涵摄伦理道德和价值判断是贯穿西方经济学思想史的重要论辩命题，对于这一问题的回答在西方经济学界经历了“正题—反题—合题”的辩证认识过程。早期西方对“经济”的理解反映出若隐若现的“去道德化”倾向。经由古希腊文“oikonomia”翻译而来的“经济”，本意是指城邦奴隶制的“家庭经济”，围绕其所探讨的问题是奴隶主如何操持、管理家庭财富，较少涉及改善奴隶生活境遇的伦理思考。经济理性的计算和筹谋在前现代西方经济的发展中起支配作用，伦理道德被抽离出粗糙的物质生产生活，悬置、独立为一种关于

人的美德的形而上学说。直到近代，经济理性和价值理性才出现合流之势。在被誉为“现代经济学之父”的亚当·斯密的理论视域中，经济的持续增长往往离不开社会分工体系中每个人基于“自利之心”的物质生产实践，而这些经济活动者对欲望和贪婪的追求归根结底是为了博得他人的爱与认同。晚年的亚当·斯密秉持科学求实的精神先后修订《国富论》和《道德情操论》两部著作，在他看来，“个人的幸福只有在不违反或有助于全体的幸福时才能去追求”[1]。经济和伦理两者不可分割,这一观念有力驳斥了19世纪中叶德国历史学派提出的所谓“亚当·斯密问题”——《国富论》中利己的“理性经济人”和《道德情操论》中利他的“仁慈道德人”的对立。

随着资本主义的发展，经济理性和伦理道德在话语体系中呈现出不平衡的发展趋向。资本一方面创造了无与伦比的生产力，另一方面却生产出反文明的社会贫困。世界市场的交往和开拓以牺牲“未开化和半开化的国家”“农民的民族”“东方”的利益为前提，资产阶级所谓的商业人道主义精神建立在无产阶级的异化劳动基础上。正因如此，恩格斯批判指出，“滥用道德以实现不道德的意图”是亚当·斯密构建的自由贸易体系所不愿告知于人的“秘密”。“资本来到世间，从头到脚，每个毛孔都滴着血和肮脏的东西”[2],资本无限增殖的“贪婪攫取性”让国民经

[1] 亚当·斯密．道德情操论［M］．蒋自强，译．北京：商务印书馆，2014：399.

[2] 卡尔·马克思，弗里德里希·恩格斯．马克思恩格斯选集：第2卷［M］．中共中央马克思恩格斯列宁斯大林著作编译局，编译．北京：人民出版社，2012：297.

济学家对经济的伦理性讳莫如深。“撇开宏大的总的联系去进行考察”[1]经济运行规律的形而上学思维方式使古典政治经济学庸俗化为替资产阶级辩争的经济学，后者扎根于资产阶级“进行生产和交换的经济关系中”[2]，其致思方式具有明显的实证主义倾向，主要揭示资本生产、积聚、流通的客观运动规律，但对“一个被戴上彻底的锁链的阶级”[3]并在普遍领域遭受着普遍不公正待遇的阶级视若无睹。

马克思、恩格斯怀揣着解放全人类的崇高理想，批判了单向度的资本主义经济理性，揭示了资本主义体系过度发展的内爆必然性，重新将对全人类的道德关怀赋予经济学，使经济学在科学性、阶级性和伦理性三个维度实现了高度统一。但这并不意味着“道德冲动力”之于“经济冲动力”的和谐中庸，因为资本主义社会经济形态所蕴含的全部生产力尚未完全发挥出来，“经济理性”统摄“价值理性”的现状也尚未发生根本改变。因应资本主义社会的新变化，马克斯·韦伯提出了工具理性压倒、淹没价值理性的现代性问题，认为以效率、结果为导向的经济发展模式编织出的“现代的铁笼”片面加强了经济理性。无论是领恩于神圣天命的“职业观念”，还是加尔文教的“入世禁欲精神”，本质上都是“现代资本主义精神”的基本要素，是理性化的经济伦理的表现形

[1][2] 卡尔·马克思，弗里德里希·恩格斯.马克思恩格斯选集：第3卷[M].中共中央马克思恩格斯列宁斯大林著作编译局，编译.北京：人民出版社，2012：396.

[3] 卡尔·马克思，弗里德里希·恩格斯.马克思恩格斯选集：第1卷[M].中共中央马克思恩格斯列宁斯大林著作编译局，编译.北京：人民出版社，2012：23.

式。然而，随着现代化的发展，经济伦理再度变得岌岌可危，与新教伦理具有“选择性的亲缘关系”的现代资本主义“已经不再需要这种精神的支持了，因为资本主义有了机器这个基础”[1]。20世纪下半叶的“亚洲四小龙”在经济方面强势崛起的事实批驳了“经济发展不需要内在的伦理精神支撑”的观点，学界以此为契机重新开启了“伦理在何种程度上影响经济”的相关讨论。面对经济学理论场域中的大乱局，阿马蒂亚·森、彼得·科斯洛夫斯基等著名经济学家致力于构建“经济学与伦理学相结合”的新范式，尝试“将伦理生活世界的行为观点和经济学的所谓严格的经济行为模式一体化”[2]，为市场的“最强动力”和伦理的“最好动力”探寻合适的经济管理制度。

三、福耀集团对中国式管理“义以生利”理念的传承

中华传统文化中关于“义利关系”的认知并没有局限在二元对立的思维框架中，而是跳出了“义利之争”的理论窠臼，在历史的赓续和扬弃中逐渐把握两者的对立统一关系。于中国人而言，经济学在本质上是管理财富之“术”和践行正义之“道”的辩证统一。在生生不息的传统文化之流中，儒家的“义利观”展现出历久弥新的独特魅力，构成了中

[1] 马克斯·韦伯. 新教伦理与资本主义精神［M］. 阎克文，译. 上海：上海人民出版社，2017：326.

[2] 彼得·科斯洛夫斯基. 后现代文化：技术发展的社会文化后果［M］. 毛怡红，译. 北京：中央编译出版社，2011：105.

国人理解正义和利益关系的深层文化底蕴。先秦时期，以孔孟为代表的古典儒家强调“义”对“利”的价值优先性，认为人民追求符合“义”的“利”是合宜的；汉代的董仲舒对仁者和平民的“利”进行了区分，认为平民的“利”只是为了满足“身体”的基本物质需要，而真正的仁者应该“正其道不谋其利，修其理不急其功”[1]，不谋“私利”，追求内圣外王的“大义”；宋代以朱熹为代表的理学家要求士大夫遵循纯一不杂的“天理之公”，逐渐革除“人欲之私”产生的弊病，在“义”与“利”的抉择中坚定地站在“义”的一边；随着明清之际商品经济的发展，以王夫之、颜元为代表的儒家提出了“义之必利”“义利共生”等思想，在王夫之看来，“获利”是“行义”不自觉的必然结果，正所谓“王何必曰利？亦有仁义而已矣。”[2]颜元翻转了董仲舒的思考，提出了“正其谊以谋其利，明其道而计其功”[3]的新命题，实现了“义”与“利”的统一；当代新儒家代表人物之一贺麟结合传统儒学对“义利关系”的分析，重新界定了经济的内涵，提出了“经济＝人类的理智＋道德的努力”的新论断，并强调“实业经济既是道德的产物，则中国一般人所谓精神文明、物质文明之争，亦得一调解的途径”[4]。综上，贯穿于中古农业文明、近世工业文明的“义利之争”将会随着物质文明和精神

[1] 董仲舒．春秋繁露［M］．张世亮，钟肇鹏，周桂钿，译注．北京：中华书局，2012：338.

[2] 王夫之．船山全书：第8册：说文广义［M］．长沙：岳麓书社，2011：27.

[3] 颜元．颜元集：上册［M］．王星贤，张芥尘，郭征，点校．北京：中华书局，1987：163.

[4] 贺麟．文化与人生［M］．上海：上海人民出版社，2018：36.

文明相协调的中国式现代化的深入推进而得以化解。

具有中国特色的“义以生利”的价值理性对古今儒商均具有指导意义，深刻影响着他们的企业经营理念、管理方法和发展策略。儒商是经济活动中兼有“商道智慧”和“儒家伦理”的重要主体。子贡是儒商的鼻祖，他的经商理念深受孔子“礼以行义，义以生利，利以平民”[1]思想的影响。在经商过程中,子贡并没有将货殖看作事业发展的最终归宿，而是认识到财富“取之于民，用之于民”的道理，在战火纷飞的动乱时代以“达则兼济天下”的广博胸怀抚恤“无立锥之地”的贫困者。

儒商精神所蕴含的“义以生利”思想在当代实现了创新性发展，曹德旺先生是新时代这一理念的忠实传承者和弘扬者。他创办的福耀集团之所以能够从“乡镇作坊”成长为“上市企业”，从地方走向全国进而迈向世界，得益于其长期秉持的“敬天爱人，止于至善”的企业文化信念。在曹德旺先生的办公室里，挂着一副凝练的对联：敬胜怠义胜欲，知其雄守其雌。这副对联时常鞭策、警醒着他，使他深知“义利兼济”才是推动福耀集团成为伟大企业的价值观引擎。曹德旺先生在现实中努力践行这一理念，一方面，在昂贵的医疗费用和珍贵的员工健康面前，他毅然选择肩负起“关爱员工”的企业道义；另一方面，在企业的发展效益和地球的生态环境面前，他果断决定承担起守护“绿水青山”的民族重任。

[1] 李学勤．春秋左传正义［M］．北京：北京大学出版社，1999：691.

“义以生利”的价值理性肇始于传统儒商的经济交易活动的道德规范，生长于生动的中国特色社会主义实践中，定型于构建高水平社会主义市场经济体制的发展原则中。推进中国式管理，既不能完全套用中国传统的人治管理模式，亦不能全部移植现代西方经济理性衍生的法治治理经验，亟须以“两个结合”为理念指引，正确处理好物质利益和道德规范的关系，充分发挥观念上层建筑对经济基础的能动反作用。第一，中国式管理要以“责任之心”助推“拟家庭化”[1]的企业组织在发展中实现和合正义与共赢共生相统一。现代企业的发展绝不能在社会化分工的链条中孤芳自赏、以邻为壑，而应该充分关照客户和上游供应商、下游经销商的利益。企业只有对内将员工当作家人，对外满足客户的利益诉求，于危难之际向供应商伸出援手，及时向经销商供应所需产品，才能在商业生态大系统中发挥出整体大于部分的效能。第二，中国式管理要以“关怀之心”推动企业利益分配格局走向平等的自由和差异化的保障相统一。近代以来，正义的实践“从以对等的‘报’为重心，向以平等的‘分’为重心”[2]转变，这要求现代企业重视对员工合乎正义的利益分配。只有充分保证企业员工的物质利益不受损害，才能激励员工为企业创造更大的效益。一方面，无论是乡镇企业，还是城市中的国有企业、私营企业、外资企业等，都要在发展中逐步改善对非正规就业人员的不公正待遇，为他们提供和正规员工相对平等的就业条件和有尊严的

[1] 黎红雷.儒家商道智慧［M］.北京：人民出版社，2017：29-30.

[2] 习近平.推动我国生态文明建设迈上新台阶［J］.求是，2019（3）：4-19.

收入报酬；另一方面，对企业内部因病致贫、因事返贫等处境相对特殊的员工，给予生活物资、假期待遇等方面的差异化补贴。第三，中国式管理要以“仁爱之心”推动企业发展，实现经济效益和生态正义相统一。西方经济理性占支配地位的资本主义企业将资本增殖视为商品生产的目的，“主要生产销量好的东西，根本不关心它是否有利于社会再生产”[1]，这种无休止地扩大再生产最终会破坏未来世代的生存环境，导致人和自然物质代谢紊乱。面对种种生态危机，以道义和责任闻名于世的中国企业，要秉持“保护生态环境就是保护生产力、改善生态环境就是发展生产力”[2]的理念，加快转变企业生产方式和业务结构，以发展新质生产力为突破口，前瞻布局绿色低碳循环产业新形态，提高产品的绿色使用价值。

[1] 斋藤幸平．人类世的“资本论”［M］．王盈，译．上海：上海译文出版社，2023：212.

[2] 习近平．推动我国生态文明建设迈上新台阶［J］．求是，2019（3）：4-19.

附件1　课题调查问卷

□□□□□□□

“修心与生产：福耀集团的企业治理之道”
课题调查问卷

★ 首先，衷心感谢您对问卷调查的支持！这是财政部“中华优秀传统文化在现代管理中的创造性转化与创新性发展工程”重大项目的子项目“修心与生产：福耀集团的企业治理之道”的问卷调查。问卷不必填写姓名，仅供学术研究之用，您不必有任何顾虑，请您按照实际情况和真实想法填写这份问卷。

▲ 填写说明：在问卷中，每一个问题下面都有若干个选项，请在您认为合适的选项前的方括号内打“√”。

◆基本情况：

1. 您的年龄是：

[ ] ① 35 岁以下　[ ] ② 36 ～ 50 岁　[ ] ③ 51 ～ 60 岁

[ ] ④ 61 岁以上

2. 您的性别：

[ ] ①男　[ ] ②女

3. 您的学历：

[　] ①本科　[　] ②硕士研究生　[　] ③博士研究生　[　] ④其他

4. 您在单位的层级

[　] ①高级管理　[　] ②一般干部　[　] ③普通员工　[　] ④其他

一、单选题（只能选择一个）

1. 您是否认同曹德旺先生的“心若菩提”企业家精神与实践？

A. 非常认同　B. 很认同　C. 比较认同

D. 不是很认同　E. 不认同

2. 您是否认同福耀集团“敬天爱人，止于至善”的企业治理理念？

A. 非常认同　B. 很认同　C. 比较认同

D. 不是很认同　E. 不认同

3. 您认为自己的心性修养理念和方式受到曹德旺先生的影响有多大？

A. 非常大　B. 很大　C. 影响一般

D. 影响不大　E. 没有影响

4. 您认为加强企业成员的心性修养对企业生产的影响有多大？

A. 没有影响，企业发展是经济基础决定上层建筑

B. 影响不大，企业发展不能依靠内心的力量

C. 影响一般，企业发展可以依靠内心的修养，但核心竞争力不是修心

D. 影响很大，内心的秩序往往决定企业员工生产的精气神

E. 影响非常大，古人说“内圣外王”，心灵秩序决定企业发展

5. 您认为内心修养对于企业生产具有怎样的意义？

A. 决定性因素，内心的修养决定企业生产的质量

B. 正向的积极促进作用，内心强大能促进企业生产

C. 影响很微弱，企业生产是一种智力运作，不是心灵游戏

D. 没有意义，企业生产最终还是要靠产品的硬实力

E. 说不清楚

6. 您如何认知内心修养与企业生产的关系？

A. 修心与生产没有关系　　B. 修心能够促进生产

C. 修心会阻碍生产　　D. 修心与生产构成双向循环关系

E. 说不清楚

7. 在当前的经济形势下，您如何看待企业服务社会的慈善事业？

A. 不管经济形势怎么样，都要无私地服务社会，做慈善事业

B. 越是艰难险阻，越要体恤民生疾苦，慈善事业不能停

C. 现在经济压力大，做慈善事业要量入为出

D. 现实虽然有很多难题，但只要企业盈利增长，慈善捐赠就要增长

E. 面对百年未有之大变局，要控制企业资本流出，不要做慈善

8. 您如何看待企业的发展愿景？

A. 非常好，充满信心

B. 很好，企业会更好

C. 比较好，企业虽有困难，但不影响大局

D. 不好，当前困难重重

E. 说不清楚

二、多选题（可以选择 2 ～ 3 个）

1. 您认为以下哪种心性修养方式对您影响最大?

A. 儒家：己欲立而立人，己欲达而达人，己所不欲勿施于人

B. 道家：虚壹而静

C. 佛家：一念菩提，普度众生

D. 耶稣基督：洗涤原罪，博爱大众

E. 共产主义：加强党性修养，对党忠诚，不负人民

2. 您认为修心会对生产经营产生什么作用?

A. 内因决定外因，心灵秩序决定着生产经营的秩序

B. 根据马克思政治经济学，心的能量与修养是由生产力决定的

C. 内心的修养，会在干事创业上形成不同的生产经营理念、方法

D. 修心会造成生产经营的虚无化

D. 修心会占用生产经营的时间

3. 您认为生产经营会对修心产生什么作用?

A. 生产经营的良性发展，会增强修己安人的信心

B. 生产经营的秩序能够促进心灵秩序的生成

C. 生产经营会占用修心的时间

D. 生产经营会导致心灵的逐利意识增强

E. 生产经营会形成更大的企业员工修心共同体

4. 您认为在生产经营中修利他之心会有哪些阻力？

A. 利己之心的干扰

B. 人与人之间的陌生感阻碍产生利他心理

C. 社会的“内卷”和竞争造成利他的压力

D. 经济压力导致利他不具备充分的经济基础

E. 利他可能无法形成理想的发展共同体

5. 您认为如何修利他之心？

A. 常怀利他之心，不断推进心灵秩序与发展秩序相吻合

B. 明确发展方向，找准合作伙伴，秉承利他理念

C. 做好经济预算，修利他之心的同时，要坚持务实、理性

D. 在修利他之心的过程中：要明确穷则独善其身，达则兼济天下

E. 利他之心的修养是有限度的，以真诚对待好人，以正直对待恶人

附件2 课题组与曹德旺先生访谈录

时间：2024 年 9 月 21 日 地点：福耀科技大学

郑济洲：

在我们所处的这个时代，全球格局剧烈变动、经济压力日益加剧、社会“内卷化”、人际关系陌生化，以及利己主义广泛传播，都构成了不容忽视的时代背景。我们今日特地前来向您请教，特别关注您如何将修“菩提心”与企业生产活动巧妙结合，以及这种交互关系如何得以体现。

我们渴望深入探讨福耀集团在这一方面的实践经验，即如何通过社会互动中个体心理责任的外化，以及社会化的内心反哺机制，来促进企业的全面发展。同时，我们也非常期待能够了解福耀集团如何开展修心活动，以及这些活动如何助力企业的持续成长。

在此，我们恳请曹先生不吝赐教，分享您的宝贵经验和智慧，让我们的这本书在介绍福耀集团的过程中，能够更加生动、精彩地展现其独特之处。

曹德旺：

福耀的确表现出色，堪称典范。特别是近两年，我亲自投身于创办这所大学的事业中，为自己寻找了一个稳定而充满意义的职业方向。我通过建设福耀这一方式，来诠释自己的理念和追求。按照我们福建人的传统观念，我如今已经80岁了，确实应当思考如何使集团能够持续稳定发展，确保长治久安。

曹德旺：

福耀集团在今年如此艰难的市场环境和社会挑战下，依然能够稳健前行，并已成功发布上半年财报，业绩达到38亿元。我认为，福耀今年实现70多亿元的业绩目标应无大碍。那么，福耀是如何做到的呢？我们深入剖析了中国民营企业当前面临困境的根源，最终更加坚信，尊重科学是企业持续发展的关键。

我记得中华人民共和国成立早期的时候，改革开放前实行计划经济。那时候买大米、香烟都要票，香烟是很赚钱的东西。就盐不要票，其他什么东西都要票。没有电灯用煤油，煤油也要票，没有票，钱也没有用，价格也要国家单独固定。直到邓小平提出改革开放，从政策提出到推动落地，花了十几年时间。在这十几年中，实际上最开始我们在改革开放的门口犹豫，到了加入世界贸易组织的2001年后，2002年开始彻底打开大门。邓小平主持修改了宪法、物权法（2021年废止），允许多种经济成分参与分配。

这扇大门打开以后，整个中国的人，全部往大门里面挤。比如我们福清人善于经商，大家你出十万，他出五万，凑出百八十万，然后用这百八十万去注册一个公司，再用这百八十万去买一块地。地抵押给银行，再用地盖房子，叫工程队垫款，就像变戏法一样很快倒腾几亿元出来。这样就没有规矩。国家想管，但实际上因为立法滞后等原因很难管好。

从事商业活动，我们必须遵循商道。商道的核心在于义利兼顾。这包括两个重要方面：一是勇于承担责任，二是努力做好生意。公众同样期望你能够盈利，因为一旦你的企业倒闭，公众作为长期用户，再去适应其他品牌可能会感到不便。这里的核心思想是义利兼济。如果你只知盲目跟风，缺乏经营智慧，那么注定会遭遇失败。看看那些已经倒闭的房地产商和为之服务的企业，就是最好的例证。这正应验了中国古语：“谋定而后动”。缺乏深思熟虑的策略，只看到眼前的利益就盲目行动，注定要失败。那么，福耀是如何做的呢？这是我们需要深入探讨的第一个问题。

第一点，专注于解决眼前问题。福耀的企业文化，正如我校（福耀科技大学）校训“敬天爱人，止于至善”所倡导的，我现在希望与中国人共享这份创业的愿景。我并非要求你强制执行，而是想将我的努力和经验分享给你，供你参考，若你觉得有益，敬请借鉴。

对于中国人而言，勤奋敬业固然重要，但其前提是遵纪守法。日本的稻盛和夫将王阳明的“敬天爱人”理念引入并作为他们的主义，但实际上，这源于中国。我虽非历史学家，但据人所述，“敬天爱人”这两个词汇的渊源可追溯至千年前，“敬天”源于孟子，“爱人”则另有出处，而王阳明将其巧妙结合。其深意在于“不犯天条，不犯众怒”，倡导人与自然、人与社会的和谐共处。因此，无论你是官员、百姓、商人还是农民，都应秉持“敬天爱人”的原则，遵循道理与规矩。

“止于至善”，是对完美境界的追求，体现在语言、行为、文化、产品等各个方面。只有这样，我们的事业才能蒸蒸日上。未来，我将对大学生们说，即使你们将来有可能成为省委书记，也需铭记“敬天爱人”的教诲。否则，就如同计划去海南却导航至北京，若贪图安逸，或许能减少些许错误，但若急于求成，只会越走越远。这正是企业家应秉持的商道——义利兼济，必须为社会发展负责，而非只顾个人利益，忽视社会后果。福耀之所以能稳健发展，市值超千亿而未遇重大危机，正是因为他们坚守底线，做到了这一点。

第二点，从商人的视角来看，我认为，地球犹如一个广阔的舞台，每个人都在其上，依据各自的角色演绎着人生这出大戏。人生的舞台并非“演曹操，演皇帝”就有水平，而是要深入角色，全情投入。比如那位饰演和珅的演员王刚，他的表演便深入人心；张国立演皇帝，也是各展其长，这正是我所秉持的角色心态。不论是丑角还是其他角色，关键在于能否入戏，能否将角色演绎得淋漓尽致。

我深知在中国，企业家的地位或许并不显赫，甚至历史上还有重农抑商的传统，汉高祖刘邦对士农工商的排序也透露出对商人的轻视。但这些都不足以动摇我作为企业家的信念与决心。我专注于自己的角色——企业家，并致力于将其演绎得尽善尽美。

那么，如何演好企业家这一角色呢？对我而言，便是学会做生意，精耕细作于我所选择的领域——玻璃制造。从 1976 年初涉玻璃行业到

1995 年，近 20 年的时光里，我不断探索、学习，终于对玻璃有了深入的理解，包括其分类、制作工艺及市场应用等。自 1995 年起，我更是明确了企业的定位与发展方向，即专注于汽车玻璃的生产，对其他领域则保持审慎与克制。

在这个过程中，我也曾面临诱惑与选择。比如改革开放初期，啤酒行业的兴起使得啤酒瓶制造的利润很高。然而，面对这样的机会，我并未心动，而是坚持自己的专注与原则。因为我知道，只有熟悉并擅长的领域，才能让我真正发挥所长，实现价值。

如今，福耀集团已在全球汽车玻璃市场中占据了 1/3 的份额，这既是对我们过去努力的肯定，也是对未来继续深耕细作、专注角色的期许。我的角色定位清晰而坚定——我是汽车玻璃的专业供应商，我将继续以这份专注与执着，演绎好属于我的企业家角色。

我的创业之路始于维修汽车玻璃，那时我凭借一定的销售技巧在市场中立足。虽然维修费不菲，但因我们的产品质量过硬，一年之中，每百辆车中约有十辆需要我们的服务。随后，我在中国各地设立了数百家分公司，包括在福清。那里的业务量虽然不高，但每片玻璃都能带来可观的利润，有时甚至高达一两千乃至两三千元。这样的利润，在当时经济相对落后的环境下，是相当可观的。

我始终坚信，诚信经营才是企业发展的长久之道。因此，我从未向任何人寻求特权或优惠，无论是批地还是其他方面的帮助。我通过自己的努力，为国家节省了外汇，同时也为自己赢得了尊重和成功。

第三点，主要是“穷则独善其身，达则兼济天下”。我经常跟我的员工讲，人生每天的每一件事，就好像盖自己的大厦时用的每一块砖一样。你要想盖高楼的时候，一开始不知道会盖多高，但是你不会甘愿现在就自暴自弃，随便应付。每一天的每一件事都是一块砖。码进去的每一块砖，都要看清楚砖块的材质，确保那是可以承受压力的东西。当你码到一定的高度的时候，高处不胜寒，你要禁得起风吹雨打。平时我跟他们讲“穷则独善其身”，当你小、当你矮的时候，当你穷的时候，不要自暴自弃，而是要独善其身，要大力发展自己。当你发达的时候，要像我一样慷慨解囊。到现在为止，包括我们这所大学，我捐了很多。你们明年在我的博物馆也可以看到我做慈善的一个沙盘，单单寺庙就盖了十座，其中黄檗寺是我盖的。盖这所大学到现在才花了 40 亿元，我捐赠了 285 亿元。有人会问那么辛苦赚来的钱为什么要捐出去，因为做慈善是第三次分配，是自我调节。我们的祖先也告诉我们“达则兼济天下”。我认为作为福耀的经验，这三点非常关键：第一点是“止于至善”；第二点是演好自己的戏，人生如戏，入戏先入角；第三点是“穷则独善其身，达则兼济天下”。

郑济洲：

非常感谢曹先生为我们带来深刻的心灵启迪。我深感其中蕴含的深刻人生思考，这无疑是佛法智慧的一种美妙指引。例如，刚刚在您面前聆听您分享那些关于企业市场运作的宝贵经验以及人生哲理时，发现您的目光中透露出一种独特的光芒，那光芒中蕴含着希望与梦想。那么，我想请问曹先生，对于您自己的人生愿景，您有哪些希望或期待？能否也与我们分享一些您的见解和感受？

曹德旺：

希望把这所大学（福耀科技大学）真正办成具有中国特色和世界一流水平的大学。

郑济洲：

一定会的，我们几个刚刚看校园非常漂亮，真的很震撼。而且感受到一种情怀，一种具有福建特色、全球视野的情怀。有很多福建元素，但它绝不仅仅是福建的一种空间格局，而是集合了宏大的世界元素。今天和我们一起过来的清华大学的老师、学生也准备了一些小问题。可能也不是很成熟，是人生的一些思考，有三个问题，也想跟曹先生做简短的交流。

黄圣威：

曹先生您好！我们现在处在一个"变"的时代，面对百年未有之大变局，我们个人在这种时代洪流中应该用什么样的方法去修心？然后您刚才讲到想要把福耀科技大学建成具有中国特色和国际一流水平的大学，您想要通过大学怎样去引导我们的年轻人？谢谢！

曹德旺：

修行、修心靠自己。我是这样的，我把《金刚经》里面的六度组12个字作为自己追求的行为准则——布施、持戒、忍辱、精进、禅定、智慧。将这六个词作为行为准则，那怎么修心呢？看破一切，五蕴皆空

（佛家专业术语），你不要太在乎，戒掉你的贪嗔痴慢疑，关注我们儒家提倡的仁义礼智信，学会相信。我始终相信好人有好报，就像我，一个穷小子变成现在的世界级富豪。

郑济洲：

我们也非常希望通过福耀的案例，真正引导很多年轻人，很多迷茫的人，去挖掘“内心”的力量。

曹德旺：

相信的“信”是仁义礼智信的“信”，信任的“信”。那么，我凭什么相信？我凭自己的淡定相信别人，我相信别人做事自有他的道理。

曾伟：

曹先生您好，福耀已经做了慈善，资金已经向外流出了，您可以进一步讨论一下如何平衡好企业的社会责任和商业利益吗？

曹德旺：

社会责任，在中国古代商道中叫“义”，义就是责任，商人要做到童叟无欺，做到公平公正。我爸以前跟我讲，早上把门打开的时候，如果发现有人躺在门口，你先摸一下他的鼻子有没有气。有气的话，第一步先自己弄点汤让他喝，第二步雇一辆车把他送到医院。因为他躺在这里，这是你的责任，第一责任人就是你。

做慈善，不单是指出钱。施有三分：财布施、法布施、无畏布施。财布施就是有钱人来花钱办事，那我没有钱，就不要慈善了？那样社会就显得很冷漠。你看到老太太摔倒，赶快过去扶她，这也是慈善啊！看到小孩子被车碰了，你像对自己的孩子一样先把他抱起来，然后再给他治疗。这都是做慈善。

郑济洲：

非常感谢曹先生，您的包容气度、社会责任和治理企业“谋定而后动”的智慧，都是我们课题组想把握的重点。我们今天在跟您交流的过程中，也把握了一些修心和生产的关系。

朱仰恩：

我们写这本书最核心的目的还是希望让大家，特别是年轻人能够回到正常的生活、工作轨道。因为生活轨道和工作轨道最终还是要和自己的内心形成“双向奔赴”，这才是正确的。就比如您刚才说的这个“空”的状态，实际上我们最好的状态就是“心空行善”。所以我们希望通过与您交流，再加上我们去研究这个课题，然后达到“心空行善”的效果。我们会很平静、很平和地把我们的思考通过语言传递出去，希望这本书能够将能量传递给读者。后续如果我们有一些疑惑，包括书中内容自己觉得还有不到位的，希望还有机会向您多请教。

曹德旺：

我最想说的就是那几句话，“敬天爱人，止于至善”“入戏入角，演好你的角色”“穷则独善其身，达则兼济天下”。希望你们能够好好锤炼文字，做一本好书，把能量带给读者。

郑济洲：

对，这就是我们要做的事情。今天课题组过来跟您交流，我觉得我们讨论的问题不仅是企业行为问题，实际上还涉及整个当下社会的陌生化、逐利化、利己化的一种现实。所以我们希望通过您的案例、福耀集团的案例，能够给这个社会传递正能量。德国思想家马克斯·韦伯曾写过一本书叫《新教伦理与资本主义精神》，用新教伦理去阐释西方经济的逻辑。今天我也希望借助福耀集团的案例，引导大家通过修心去构建心灵秩序，进而助力整个国家取得更大的发展，这是我们的一个愿景。

参考文献

[1] 成中英.C理论：中国管理哲学［M］.上海：学林出版社，1999.
[2] 曾仕强.中国式管理［M］.北京：中国社会科学出版社，2003.
[3] 黎红雷.儒家管理哲学［M］.广州：广东高等教育出版社，2010.
[4] 葛荣晋.中国管理哲学导论［M］.北京：中国人民大学出版社，2007.
[5] 孙聚友.儒家管理哲学新论［M］.济南：齐鲁书社，2003.
[6] 郭晓东.识仁与定性：工夫论视域下的程明道哲学研究［M］.上海：复旦大学出版社，2006.
[7] 唐文明.与命与仁：原始儒家伦理精神与现代性问题［M］.石家庄：河北大学出版社，2002.
[8] 傅斯年.性命古训辨证［M］.桂林：广西师范大学出版社，2006.
[9] 黄进兴.优入圣域：权力、信仰与正当性［M］.修订版.北京：中华书局，2010.
[10] 侯外庐.中国思想通史［M］.北京：人民出版社，1956.
[11] 廖名春.中国学术史新证［M］.成都：四川大学出版社，2005.
[12] 李若晖.春秋战国思想史探微［M］.台北：艺文印书馆，2012.
[13] 周炽成.荀韩人性论与社会历史哲学［M］.广州：中山大学出版社，2009.
[14] 赵汀阳.坏世界研究［M］.北京：中国人民大学出版社，2009.
[15] 赵汀阳.第一哲学的支点［M］.北京：生活·读书·新知三联书店，2013.
[16] 周予同.群经通论［M］.朱维铮，编校.上海：上海人民出版社，2012.
[17] 陶希圣.中国政治思想史［M］.北京：中国大百科出版社，2011.
[18] 崔涛.董仲舒的儒家政治哲学［M］.北京：光明日报出版社，2013.
[19] 胡适.说儒［M］.桂林：漓江出版社，2013.

[20] 胡适.中国哲学史大纲 [M].上海：上海古籍出版社，1997.
[21] 蒋伯潜.诸子通考 [M].杭州：浙江古籍出版社，1985.
[22] 钟肇鹏.孔子、儒学与经学 [M].北京：中国社会科学出版社，2009.
[23] 丁耘.中道之国：政治·哲学论集 [M].福州：福建教育出版社，2015.
[24] 钱穆.孔子传 [M].北京：生活·读书·新知三联书店，2002.
[25] 钱穆.国史大纲 [M].修订本.北京：商务印书馆，1996.
[26] 钱穆.国学概论 [M].北京：商务印书馆，1997.
[27] 钱穆.论语新解 [M].北京：生活·读书·新知三联书店，2002.
[28] 蒋庆.公羊学引论：儒家的政治智慧与历史信仰 [M].福州：福建教育出版社，2014.
[29] 蒋庆.儒学的时代价值 [M].成都：四川人民出版社，2009.
[30] 蒋庆.政治儒学 [M].北京：生活·读书·新知三联书店，2003.
[31] 康晓光.仁政：中国政治发展的第三条路 [M].北京：世界科技出版社，2005.
[32] 盛洪.为万世开太平——一个经济学家对文明问题的思考 [M].北京：北京大学出版社，1999.
[33] 陈明.儒者之维 [M].北京：北京大学出版社，2004.
[34] 曾亦，郭晓东.何谓普世？谁之价值？——当代儒家论普世价值 [M].增补本.上海：华东师范大学出版社，2014.
[35] 白彤东.旧邦新命——古今中西参照下的古典儒家政治哲学 [M].北京：北京大学出版社，2009.
[36] 陈来.古代宗教与伦理：儒家思想的起源 [M].北京：生活·读书·新知三联书店，1996.
[37] 陈来.从思想世界到历史世界 [M].北京：北京大学出版社，2015.
[38] 汪受宽.孝经译注 [M].上海：上海古籍出版社，2004.
[39] 黄绍祖.复圣颜子思想研究 [M].台北：文史哲出版社，1982.

[40] 王栻. 严复集 [M]. 北京：中华书局，1986.
[41] 王曰美. 儒家政治思想研究 [M]. 北京：中华书局，1986.
[42] 哈佛燕京学社，三联书店. 儒家与自由主义 [M]. 北京：生活·读书·新知三联书店，2002.
[43] 徐复观. 中国人性论史——先秦篇 [M]. 上海：上海三联书店，2001.
[44] 徐复观. 两汉思想史 [M]. 上海：华东师范大学出版社，2001.
[45] 陈苏镇.《春秋》与“汉道”：两汉政治与政治文化研究 [M]. 北京：中华书局，2011.
[46] 吴龙灿. 天命、正义与伦理：董仲舒政治哲学研究 [M]. 北京：人民出版社，2013.
[47] 王高鑫. 董仲舒与汉代历史思想研究 [M]. 北京：商务印书馆，2012.
[48] 崔涛. 董仲舒的儒家政治哲学 [M]. 北京：光明日报出版社，2013.
[49] 黄开国. 公羊学发展史 [M]. 北京：人民出版社，2013.
[50] 黄明喜. 中国传统教育思想史论 [M]. 北京：高等教育出版社，2012.
[51] 郭沫若. 十批判书 [M]. 北京：人民出版社，2012.
[52] 王绍光. 理想政治秩序：中西古今的探求 [M]. 北京：三联书店，2012.
[53] 李宗侗. 中国古代社会史 [M]. 台北：华冈出版有限公司，1954.
[54] 张光直. 中国青铜时代二集 [M]. 北京：生活·读书·新知三联书店，1990.
[55] 李零. 李零自选集 [M]. 桂林：广西师范大学出版社，1998.
[56] 萧承慎. 师道征故 [M]. 贵阳：文通书局，1944.
[57] 蔡方鹿. 程颢程颐与中国文化 [M]. 贵阳：贵州人民出版社，1996.
[58] 蔡方鹿. 宋明理学心性论 [M]. 修订版. 成都：巴蜀书社，2009.
[59] 陈继红. 治世的至理：先秦儒家“分”之伦理研究 [M]. 北京：中国社会科学出版社，2011.
[60] 陈植锷. 北宋文化史述论 [M]. 北京：中国社会科学出版社，1992.
[61] 崔大华. 儒学引论 [M]. 北京：人民出版社，2001.

[62] 邓广铭. 宋政治改革家王安石 [M]. 北京：三联书店，2007.
[63] 邓小南. 祖宗之法：宋前期政治述略 [M]. 北京：三联书店，2006.
[64] 葛荃. 权力宰制理性：士人、传统政治文化与中国社会 [M]. 天津：南开大学出版社，2003.
[65] 关长龙. 两宋道学命运的历史考察 [M]. 北京：学苑出版社，2001.
[66] 郭晓东. 识仁与定性：工夫论视域下的程明道哲学研究 [M]. 上海：复旦大学出版社，2006.
[67] 郭学信. 宋士风演变的历史考察 [M]. 北京：中国社会科学出版社，2012.
[68] 季乃礼. 三纲六纪与社会整合：由《白虎通》看汉代社会人伦关系 [M]. 北京：中国人民大学出版社，2004.
[69] 贾玉英. 宋代监察制度 [M]. 郑州：河南大学出版社，1996.
[70] 姜海军. 程颐易学思想研究：思想史视野下的经学诠释 [M]. 北京：北京师范大学出版社，2010.
[71] 李华瑞. 宋夏关系史 [M]. 石家庄：河北人民出版社，1998.
[72] 李文治，江太新. 中国宗法宗族制和族田义庄 [M]. 北京：社会科学文献出版社，2000.
[73] 李晓春. 宋代性二元论研究 [M]. 北京：中国社会科学出版社，2006.
[74] 梁治平. 寻求自然秩序中的和谐 [M]. 上海：上海人民出版社，1991.
[75] 林素芬. 宋中期儒学道论类型研究 [M]. 台北：里仁书局，2008.
[76] 刘丰. 先秦礼学思想与社会的整合 [M]. 北京：中国人民大学出版社，2003.
[77] 刘复生. 宋中期儒学复兴运动 [M]. 台北：文津出版社，1991.
[78] 卢国龙. 宋儒微言：多元政治哲学的批判与重建 [M]. 北京：华夏出版社，2001.
[79] 卢连章. 二程学谱 [M]. 郑州：中州古籍出版社，1988.
[80] 卢连章. 程颢程颐评传 [M]. 南京：南京大学出版社，2001.

[81] 罗立刚. 史统、道统、文统：论唐宋时期文学观念的转变 [M]. 上海：东方出版中心，2005.
[82] 蒙培元. 理学范畴系统 [M]. 北京：人民出版社，1998.
[83] 潘富恩，徐余庆. 程颢程颐理学思想研究 [M]. 上海：复旦大学出版社，1988.
[84] 庞万里. 二程哲学体系 [M]. 北京航空航天大学出版社，1992.
[85] 唐君毅. 中国哲学原论：原性篇 [M]. 北京：中国社会科学出版社，2006.
[86] 王光松. 在"德"、"位"之间 [M]. 上海：华东师范大学出版社，2010.
[87] 王启发. 礼学思想体系探源 [M]. 郑州：中州古籍出版社，2006.
[88] 王瑞来. 宰相故事：士大夫政治下的权力场 [M]. 北京：中华书局，2010.
[89] 温伟耀. 成圣之道：宋二程修养工夫论之研究 [M]. 郑州：河南大学出版社，2004.
[90] 吴怀祺. 宋代史学思想史 [M]. 合肥：黄山书社，1992.
[91] 向世陵. 理气心性之间：宋明理学的分系与四系 [M]. 长沙：湖南大学出版社，2006.
[92] 刘宝楠. 论语正义. [M]. 高流水，点校. 北京：中华书局，1990.
[93] 毛亨. 毛诗正义 [M]. 孔颖达，正义. 北京：北京大学出版社，2000.
[94] 程颢，程颐. 二程集 [M]. 王孝鱼，点校. 北京：中华书局，1981.
[95] 孔安国. 尚书正义 [M]. 孔颖达，正义. 上海：上海古籍出版社，2007.
[96] 黎靖德. 朱子语类 [M]. 王星贤，点校. 北京：中华书局，1986.
[97] 司马迁. 史记 [M]. 张守节，正义. 北京：中华书局，1959.
[98] 马衡. 汉石经集存 [M]. 上海：上海书店出版社，2014.
[99] 何晏，邢昺. 论语注疏 [M]. 北京：北京大学出版社，2000.
[100] 皇侃. 论语义疏 [M]. 北京：中华书局，2013.
[101] 郑玄. 周礼注疏 [M]. 贾公彦，疏. 北京：北京大学出版社，2000.
[102] 黄寿祺，张善文. 周易译注 [M]. 修订本. 上海：上海古籍出版社，2001.

[103] 王夫之．读鉴通论［M］．北京：中华书局，1975.

[104] 陈立．白虎通疏证［M］．吴则虞，点校．北京：中华书局，1994.

[105] 刘勋．春秋左传精读［M］．北京：新世界出版社，2014.

[106] 徐元诰．国语集解［M］．修订本．王树民，沈长云，点校．北京：中华书局，2002.

[107] 郑玄．礼记正义［M］．孔颖达，疏．北京：北京大学出版社，2000.

[108] 焦循．孟子正义［M］．沈文倬，点校．北京：中华书局，1987.

[109] 屈守元．韩诗外传笺疏［M］．成都：巴蜀书社，1996.

[110] 王先谦．荀子集解［M］．沈啸寰，王星贤，点校．北京：中华书局，1988.

[111] 孙诒让．墨子间诂［M］．孙启治，点校．北京：中华书局，2001.

[112] 黎翔凤．管子校注［M］．北京：中华书局，2004.

[113] 王利器．文子疏义［M］．北京：中华书局，2000.

[114] 许慎．说文解字注［M］．段玉裁，注．上海：上海古籍出版社，1981.

[115] 高明．帛书老子校注［M］．北京：中华书局，1996.

[116] 李守奎，曲冰，孙伟龙．上海博物馆藏战国楚竹书（一—五）文字编［M］．北京：作家出版社，2007.

[117] 杨朝明，宋立林．孔子家语通解［M］．济南：齐鲁书社，2013.

[118] 班固．汉书［M］．颜师古，注．北京：中华书局，1962.

[119] 陈寿．三国志集解［M］．裴松之，注．上海：上海古籍出版社，2009.

[120] 孔子．大学·中庸［M］．王国轩，译注．北京：中华书局，2007.

[121] 王聘珍．大戴礼记解诂［M］．王文锦，点校．北京：中华书局，1983.

[122] 李零．郭店楚简校读记［M］．增订本．北京：中国人民大学出版社，2007.

[123] 阮元．十三经注疏（附校勘记）［M］．北京：中华书局，1980.

[124] 黄晖．论衡校释（附刘盼遂集解）［M］．北京：中华书局，1990.

[125] 章学诚．文史通义［M］．上海：上海书店出版社，1988.

[126] 王钧林，周海生．孔丛子［M］．北京：中华书局，2009.

[127] 谭嗣同. 仁学：谭嗣同集［M］. 加润国，选注. 沈阳：辽宁人民出版社，1994.
[128] 苏舆. 春秋繁露义证［M］. 钟哲，点校. 北京：中华书局，1992.
[129] 朱熹. 四书章句集注［M］. 北京：中华书局，1983.
[130] 朱熹. 朱子全书［M］. 上海、合肥：上海古籍出版社、安徽教育出版社，2002.
[131] 王先慎. 韩非子集解［M］. 钟哲，点校. 北京：中华书局，2003.
[132] 王通. 文中子中说［M］. 上海：上海古籍出版社，1989.
[133] 尹文. 尹文子［M］. 钱熙祚，校. 上海：世界书局，1935.
[134] 陈立. 白虎通疏证［M］. 吴则虞，点校. 北京：中华书局，1994.
[135] 刘向. 说苑校证［M］. 向宗鲁，校证. 北京：中华书局，1987.
[136] 脱脱，等. 宋史［M］. 北京：中华书局，1985.
[137] 皮锡瑞. 经学历史［M］. 周予同，注. 北京：中华书局，2011.
[138] 赵在翰. 七纬（附论语谶）［M］. 钟肇鹏，萧文郁，点校. 北京：中华书局，2012.
[139] 王应麟. 困学纪闻［M］. 翁元圻，栾保群，田松青，等校注. 上海：上海古籍出版社，2008.
[140] 王闿运. 论语训・春秋公羊传笺［M］. 黄巽斋，点校. 长沙：岳麓书社，2009.
[141] 柏拉图. 理想国［M］. 郭斌和，张竹明，译. 北京：商务印书馆，1986.
[142] 亚里士多德. 政治学［M］. 吴寿彭，译. 北京：商务印书馆，1983.
[143] 亚里士多德. 尼各马可伦理学［M］. 廖申白，译. 北京：商务印书馆，2003.
[144] 卢梭. 论人类不平等的起源和基础［M］. 李常山，译. 北京：商务印书馆，1997.
[145] 尼采. 敌基督者——对基督教的诅咒［M］// 吴增定，李猛，译. 吴增定.《敌基督者》讲稿. 北京：生活・读书・新知三联书店，2012.

[146] 列奥·施特劳斯. 什么是政治哲学 [M]. 李世祥，等译. 北京：华夏出版社，2011.

[147] 列奥·施特劳斯. 古典政治理性主义的重生 [M]. 潘戈编，郭振华，等译. 北京：华夏出版社，2011.

[148] 列奥·施特劳斯. 政治哲学史 [M]. 李天然，等译. 石家庄：河北人民出版社，1993.

[149] 顾立雅. 孔子与中国之道 [M]. 高专诚，译. 郑州：大象出版社，2014.

[150] 倪德卫. 儒家之道——中国哲学之探讨 [M]. 周炽成，译. 南京：江苏人民出版社，2006.

[151] 桂思卓. 从编年史到经典：董仲舒的春秋诠释学 [M]. 朱腾，译. 北京：中国政法大学出版社，2009.

[152] 杜维明. 道、学、政：论儒家知识分子 [M]. 钱文忠，盛勤，译. 上海：上海人民出版社，2000.

[153] 余英时. 朱熹的历史世界 [M]. 北京：生活·读书·新知三联书店，2004.

[154] 余英时. 士与中国文化 [M]. 上海：上海人民出版社，2003.

[155] 白川静：常用字解 [M]. 白冰，译. 北京：九州出版社，2010.

[156] Theodore de Bary W. The Trouble with Confucianism [M]. Cambridge Mass: Harvard University Press, 1991.

[157] Weber M. Economy and Society, Edited by Guenther Roth and Claus Wittich [M]. Berkeley: University of California Press, 1978.

[158] 周可真. 管理文化哲学应当探求和揭示价值创新思维规律——基于对中国管理哲学的反思性研究 [J]. 中国文化与管理，2020，(2).

[159] 徐朝旭，蔡春良. 话语分析视角下孟子“寡欲”之“欲”的辨析 [J]. 厦门大学学报（哲学社会科学版），2020，(6).

[160] 梁涛.《论语》“克己复礼为仁”章新诠——一种荀学的进路 [J]. 学术月刊，2020，(11).

[161] 靳浩辉. 儒道会通视阈下孔子与老子管理哲学之比较 [J]. 广西社会科学, 2020, (7).
[162] 杨海文. 为修身而正心:《大学》传七章的思想史阐释 [J]. 江南大学学报(人文社会科学版), 2020, (1).
[163] 周可真. 管理哲学视域中的儒学和后现代新儒学——兼评多元发展中的新儒学 [J]. 江海学刊, 2020, (1).
[164] 周可真. 现代西方管理哲学述评——对管理哲学的一种元讨论 [J]. 中国文化与管理, 2019, (2).
[165] 段重阳. "诚意"与"正心": 致良知工夫的两种路径 [J]. 中国哲学史, 2019, (6).
[166] 彭国翔. "治气"与"养心": 荀子身心修炼的功夫论 [J]. 学术月刊, 2019, (9).
[167] 涂可国. 从三重维度看先秦儒家心学精髓 [J]. 齐鲁学刊, 2019, (5).
[168] 季桂起. 论董仲舒的政治思想及其在汉代的影响 [J]. 山东师范大学学报(人文社会科学版), 2018, (4).
[169] 沈顺福. 教育便是教化:论传统儒家教育观念 [J]. 华南师范大学学报(社会科学版), 2017, (6).
[170] 冯晨. "正名"与"正心"——孔子"正名"说所体现的伦理价值 [J]. 中国哲学史, 2017, (2).
[171] 梁涛. 荀子人性论的历时性发展——论《修身》、《解蔽》、《不苟》的治心、养心说 [J]. 哲学动态, 2017 (1).
[172] 巩见刚. 儒家人性假设及其对儒家管理学建构的影响研究 [J]. 管子学刊, 2016, (4).
[173] 李敬峰. 儒家"学"的特质及其当代意义 [J]. 中南民族大学学报(人文社会科学版), 2015, (3).
[174] 郑淑媛. 先秦儒道养心观之比较研究 [J]. 中州学刊, 2015, (2).

[175] 龚平. 儒家管理思想与现代人本管理之契合 [J]. 社会科学家，2011，(3).
[176] 廖名春.《论语》“朝闻道，夕死可矣”章新释 [J]. 清华大学学报 (哲学社会科学版)，2009，(6).
[177] 闫秀敏. 孟子荀子管理思想的互补与超越 [J]. 大连理工大学学报 (社会科学版)，2009，(1).
[178] 葛荣晋. 简论中国管理哲学的对象和范围 [J]. 哲学动态，2007，(2).
[179] 刘筱红. 论孔子仁义道德管理思想 [J]. 华中师范大学学报 (人文社会科学版)，2002，(2).
[180] 黎红雷. 本体・伦理・管理——孟子哲学结构新探 [J]. 中国哲学史，1998，(2).
[181] 余兴安. 当代西方管理发展趋势与中国的管理改革 [J]. 中国行政管理，1997，(6).
[182] 马香媛，徐宏凯，黄鹤. 变革型领导对高校科研团队创新行为的影响研究——差错认知的中介作用 [J]. 中国高校科技，2023，(Z1).
[183] 王永伟，吴湘繁，叶锦华，等. CEO 变革型领导行为、组织认同与组织惯例更新: 集体主义倾向的调节效应 [J]. 管理评论，2023，(1).
[184] 林新奇，栾宇翔，赵国龙. 交易型领导与员工绩效的关系研究：一项元分析 [J]. 兰州学刊，2022，(3).
[185] 彭灿，杨红，许春，等. 交易型领导与研发团队创造力的影响机制与实证检验 [J]. 技术经济与管理研究，2021，(8).
[186] 刘豆豆，胥彦，李超平. 中国情境下家长式领导与员工绩效关系的元分析 [J]. 心理科学进展，2021，(10).
[187] 贾明媚，张靓婷，王琼. 领导风格与员工建言：基于双向信任的视角 [J]. 科研管理，2020，(3).
[188] 侯楠，彭坚，尹奎，等. 领导者恩威并施的阴暗面及其治理机制——基于不确定性管理的视角 [J]. 南开管理评论，2019，(6).

[189] 王飞，丁苏闽．企业家精神、融资约束与企业僵尸化的关系研究［J］．工业技术经济，2019，(6)．
[190] 李元旭，曾铖．政府规模、技术创新与高质量发展——基于企业家精神的中介作用研究［J］．复旦学报（社会科学版），2019，(3)．
[191] 王少杰．中国家长式领导模式演化分析［J］．领导科学，2019，(8)．
[192] 杨俊青．"双创"背景下企业家精神培育［J］．中国科技论坛，2019，(3)．
[193] 张玉利，谢巍．改革开放、创业与企业家精神［J］．南开管理评论，2018，(5)．
[194] 梁阜，张志鑫．差异化变革型领导对创新绩效的影响研究［J］．经济经纬，2018，(6)．
[195] 陈文晶，时勘．中国管理者交易型领导的结构与测量［J］．管理学报，2014，(10)．
[196] 冯彩玲，张丽华，时勘．领导风格会提高员工的工作积极性和创新性吗？——企业家导向的跨层次调节作用［J］．研究与发展管理，2014，(3)．
[197] 王益锋，吴亚萍．基于生命周期理论的小微企业发展［J］．科技进步与对策，2013，(4)．
[198] 陈文晶，时勘．变革型领导和交易型领导的回顾与展望［J］．管理评论，2007，(9)．
[199] 蒋春燕，赵曙明．社会资本和公司企业家精神与绩效的关系：组织学习的中介作用——江苏与广东新兴企业的实证研究［J］．管理世界，2006，(10)．
[200] 王加灿．基于生命周期理论的企业社会责任管理［J］．企业经济，2006，(5)．
[201] 李超平，时勘．变革型领导的结构与测量［J］．心理学报，2005，(6)．
[202] 薛求知，徐忠伟．企业生命周期理论：一个系统的解析［J］．浙江社会科学，2005，(5)．
[203] 魏光兴．企业生命周期理论综述及简评［J］．生产力研究，2005，(6)．

[204]李业.企业生命周期的修正模型及思考[J].南方经济，2000，(2).
[205]Cheng J, Hung C. Risk-facing or Risk-avoiding? Group Loyalty Encourages Subordinates to Tell the Truth [J]. The Journal of Social Psychology, 2021, (4).
[206]Karakitapoğlu-Aygün Z, Gumusluoglu L, Erturk A, et al. Two to Tango? A Cross-Cultural Investigation of the Leader-Follower Agreement on Authoritarian Leadership [J]. Journal of Business Research, 2021, (5).
[207]Luu T. Relationship between Benevolent Leadership and the Well-being among Employees with Disabilities [J]. Journal of Business Research, 2019, (6).
[208]Bian X H, Sun Y Y, Zuo Z H, et al. Transactional Leadership and Employee Safety Behavior: Impact of Safety Climate and Psychological Empowerment [J]. Social Behavior and Personality, 2019, (5).
[209]Wu M, Huang X, Li C, et al. Perceived Interactional Justice and Trust-in-supervisor as Mediators for Paternalistic Leadership [J]. Management and Organization Review, 2012, (1).
[210]Lee J. Effects of Leadership and Leader-Member Exchange on Innovativeness [J]. Journal of Managerial Psychology, 2008, (8).
[211] Nadler D. The CEO's Second Act [J]. Harvard Business Review, 2007, (5).
[212] Audretsch D, Thurik A. Capitalism and Democracy in the 21st Century: From the Managed to the Entrepreneurial Economy [J]. Journal of Evolutionary Economics, 2000, (1).
[213] Westwood R. Harmony and Patriarchy: The Cultural Basis for 'Paternalistic Headship' Among the Overseas Chinese [J]. Organization Studies, 1997, (3).

[214] Bass B, Avolio B. Developing Transformational Leadership: 1992 and Beyond [J] . Journal of European Industrial Training, 1990, (5) .

[215] Podsakoff P, Todor W, Grover R, et al. Situational Moderators of Leader Reward and Punishment Behaviors: Fact or Fiction? [J] . Organizational Behavior and Human Performance, 1984, (1) .

[216] Bass B, Avolio B. Developing Transformational Leadership: 1992 and Beyond [J] . Journal of European Industrial Training, 1990, (5) .

[217] Westwood R. Harmony and Patriarchy: The Cultural Basis for 'Paternalistic Headship' Among the Overseas Chinese [J] . Organization Studies, 1997, (3) .

后　记

“穷则独善其身，达则兼济天下”，这一先秦儒家的经世哲学内嵌于古往今来儒商的精神中。不曾想，2024 年 9 月 21 日在笔者与曹德旺先生第一次相逢交流时，这句儒家名言竟被涵养佛家“菩提心”的他反复提及。我们犹记得，当天的曹先生目光如炬，在长达一个半小时的交谈中，年近耄耋的他给我们阐释了三个关键命题：“敬天爱人，止于至善”“入戏入角，演好你的角色”“穷则独善其身，达则兼济天下”。在访谈中，我们感受到曹德旺先生所修的“菩提心”中包含的天人合一、出入有定、穷达理性思想。

在写作本书的过程中，《心若菩提》一书是课题组的案头书，在钻研、审问、明辨中，课题团队亦不断理解当代中国所处的发展秩序、福耀集团的治理秩序，以及曹先生的心灵秩序。曹先生以其企业家精神塑造了福耀集团的心灵秩序，也影响着在百年未有之大变局加速演进的时代民营企业乃至国有企业员工的心灵秩序，亦深深启发着课题组每一个成员去理解心灵、自我、大我（国家、社会）的内在关系。

当代中国正处在一个重要的战略机遇期，在变局面前，机遇与挑战并存。对于逐梦中国式现代化强国的中国而言，经济基础的积累与发展具有至关重要的作用。马克思主义基本原理的一个重要定律是经济基础决定上层建筑，亟须注意的是，生产者这一要素的实践与思维在生产力发展中具有重要的作用。本书所聚焦的福耀集团的企业治理命题——修心与生产，正是致力于阐释生产者的心灵秩序与生产秩序之间的双向奔赴关系。生产者之“思”在内在秩序层面构成了生产力的生产秩序，生产秩序的发展又决定着生产者心性的稳定与拓展。

21 世纪是一个追逐梦想的时代，同时，现代化进程的推进亦隐含着诸多现代性危机，包括社会陌生化、个体逐利化、商业“内卷化”等在内的难题困扰着人们。个人在现实生活中不断增强的空虚感与迷茫感，逐渐加剧了社会发展中生、老、病、困等一系列难题。在统筹“两个大局”的新时代，福耀集团的修心与企业治理之道，所彰显的不仅是曹德旺先生对“心若菩提”的感知和福耀集团在修心中成就事业的辉煌，其所关注的命题还涉及民族复兴、国家振兴、社会繁荣、企业善治、家庭和睦、个人觉醒的一体运思。

2024 年，笔者开始在中共福建省委党校科学社会主义与政治学教研部从事教学、科研工作。在推进财政部重大项目“中华优秀传统文化在现代管理中的创造性转化与创新性发展工程”子项目“修心与生产：福耀集团的企业治理之道”的研究进程中，我深深感到民营经济的生产秩序并非游离于国家的经济秩序，而是在高度的文化契合中以非公有制经济助力公有制经济的发展。民营企业是各级党委统战的重要对象，理解其内外秩序，是实现党建引领民营经济发展的重要条件。

感谢中共福建省委党校科学社会主义与政治学教研部、中山大学哲学系、清华大学经济管理学院、台湾云林科技大学汉学应用研究所为课题团队提供的智识帮助。感谢业师黎红雷教授就心性与生产关系等诸多问题提供的指导；感谢华南理工大学公共管理学院晁罡教授推荐笔者主持这一课题的攻关；感谢课题组核心成员朱仰恩、葛文丽、崔翼、曾伟在书稿写作过程中的辛勤付出。感谢企业家陈官俤先生对本书的加持，他的治企情怀和格局给了课题团队莫大的启迪。在课题的调研中，福耀科技大学余金怀主任躬身安排调研方案，并全程陪同，在此深表感谢。

王沪宁先生在《政治的人生》中曾期许中国能有一本《儒家伦理与社会主义精神》的专著，对标马克斯·韦伯的《新教伦理和资本主义精神》。在本书的写作过程中，笔者曾无数次朝着这一梦想推进，但受限于主客观条件，最终的书稿与理想仍有一定差距。21世纪是政治文化思想秩序重塑的世纪，期望能有更多的学界同仁投身心灵秩序与经济社会发展的学术论域，一同探究国家经济社会发展的内外之道。

作者

2024年12月31日于福州